Contes de N

Madame Henri de La Ville de Mirmont

Alpha Editions

This edition published in 2023

ISBN : 9789357965279

Design and Setting By
Alpha Editions
www.alphaedis.com
Email - info@alphaedis.com

As per information held with us this book is in Public Domain.
This book is a reproduction of an important historical work. Alpha Editions uses the best technology to reproduce historical work in the same manner it was first published to preserve its original nature. Any marks or number seen are left intentionally to preserve its true form.

NUIT DE NOËL

A Jean.

I

L'arbre de Noël, un robuste sapin de la montagne, s'élève droit, imposant et un peu nu, dans la grande pièce lambrissée de vieux chêne. Ses bougies, en trop petit nombre, éclairent mal les coins délabrés; mais, dans la haute cheminée, une énorme bûche envoie sur le plancher, soigneusement lavé, sur les meubles, modestes et brillants, une chaude et joyeuse lueur rouge. Sapin et bûche viennent de la grande forêt silencieuse où la brise de la montagne éveille en passant la senteur humide des feuillées, la forêt majestueuse, aux profondeurs de cathédrale, où la lumière, filtrant à travers les rameaux sombres, fait, sur l'épais tapis d'aiguillettes rousses qui cède sous les pas, une ombre mauve, mystérieuse et douce. On a vu grandir l'arbre auprès de la clairière «aux myrtilles»; c'est un ami. Voilà déjà longtemps qu'il était destiné à faire la joie de la veillée de Noël. Le père Jousse, possesseur de ce coin de bois, l'avait promis aux enfants du pasteur.

—Vous voyez ce sapin, leur disait-il; il est pour vous quand il sera assez gros. Lorsque vous le verrez tout allumé dans votre maison, un soir de Noël, vous penserez: «C'est le père Jousse qui l'a élevé pour nous!» Il n'est pas un ingrat, le père Jousse, que diable! Il n'oublie pas les soins et les remèdes que votre maman a donnés à sa pauvre vieille quand elle a pensé mourir!

La bûche aussi vient du bois du père Jousse; c'est encore une amie. N'est-elle pas une branche de ce grand mélèze frappé par la foudre et couché par terre comme un géant mort! Que de fois, l'été, il a servi de banc à toute la famille! Que de fois les petits ont couru sur son dos arrondi!... C'est pour cela qu'elle brûle si bien, la grosse bûche! De son centre embrasé sortent mille petites langues bleues et jaunes; de temps en temps elle lance une fusée d'étincelles, comme pour rire aussi, quand les autres rient.

Et l'on rit tout le temps. Pensez donc! quatre vigoureux enfants: un garçon de dix ans, une fillette de neuf, et deux garçons de cinq et quatre ans, au fond d'un coin perdu des Cévennes, dans un vieux presbytère, ancien château en ruine perché sur le flanc de la montagne, au-dessus d'un torrent, et qui laisse passer le froid et le vent par toutes ses fentes. Or, il est sillonné de lézardes, comme un vieux visage, de rides. Les contrevents vermoulus tiennent à peine. Il faut absolument être gais, il faut savoir se suffire à soi-même, il faut s'aimer bien fort pour oublier les privations sans nombre que la mauvaise saison amène avec elle. Maman, la douce et jolie maman blonde, toujours occupée des autres, et grand'mère si vaillante, si vive encore, ont beau s'ingénier, faire des miracles, tirer des ressources de rien, accumuler pendant la saison chaude provisions sur provisions, penser à tout, prévoir tout, l'hiver est cruel; et il dure tellement qu'il n'y a presque pas de printemps et d'automne. L'été, par exemple, c'est autre chose; l'été, c'est fête tout le temps.

A peine la dernière neige est-elle fondue que les champs se couvrent d'une verdure intense. La forêt devient le domaine des enfants; elle leur livre ses trésors: fleurs, mousses, lichens, lierres, myrtilles, myrtilles surtout. Agenouillés devant les plants moins hauts qu'eux, les petits, de leurs doigts agiles, portent sans s'arrêter les baies d'un noir bleuté de l'arbuste à leur bouche gourmande et barbouillée. Le torrent, qui coule maintenant si frileusement sous le presbytère, se réveille alors, subitement gonflé, et chante sa joyeuse chanson. On va pêcher ses truites pointillées de rouge qui se cachent si bien sous les pierres plates, ses petits poissons d'argent qu'on prend, tout frétillants, à pleines bouteilles. On se baigne en son eau cristalline. On accompagne papa dans ses tournées. Les rudes montagnards aiment les blonds enfants du pasteur; ils ont toujours quelque chose à leur montrer: un veau nouvellement né, une portée de lapins. D'ailleurs, s'il est formellement défendu de rien demander, il est bien permis d'accepter: le pain bis est si bon avec une épaisse couche de beurre frais! Puis, lorsqu'on a été très sage, on va avec maman et grand'mère aux marchés des environs faire les approvisionnements. La vieille carriole est attelée. Le chemin monte et descend tout le temps: quand il monte il faut s'avancer sur le devant de la voiture pour ne pas soulever le pauvre Ali qui n'est pas trop fort pour tout ce monde; quand il descend il faut se masser en arrière et faire contre-poids, la carriole n'ayant pas de frein. Dans les boutiques du bourg, il y a des merveilles: des jouets depuis cinq centimes jusqu'à deux et trois francs! Et les sucres d'orge dans les bocaux de verre, et les animaux en sucre rose, et les billes, et le chocolat enveloppé dans des images! Si l'on a été bien obéissant, si l'on ne s'est pas fourré sous les jambes des chevaux, dans la place encombrée de charrettes, si l'on n'a rien demandé, si l'on ne s'est pas perdu au milieu de la foule, on a droit à une petite récompense.

Mais l'hiver, rien de tout cela. La neige, toujours la neige. Les visites sont impossibles: la neige comble les routes; et, rien que pour ouvrir la porte extérieure, il faut déblayer les environs. Ou bien, s'il a gelé, le chemin est une glissoire très amusante, mais beaucoup trop dangereuse. Quand le temps est beau, que la neige durcie resplendit sous un clair soleil, on attelle Ali et l'on va en traîneau. C'est très amusant; mais il fait si rarement beau!

Aussi, comme les journées sont longues, à voir tomber les flocons blancs derrière les vitres, et comme on attend Noël! Maman et grand'mère ont fait leurs commandes à Paris, à la belle saison, quand le facteur venait tous les jours encore, et que l'on pouvait aller chercher les paquets à la station du chemin de fer, très loin, là-bas, dans la plaine. La caisse est arrivée depuis longtemps avec cette inscription en noir: «Bon Marché—Fragile.» On l'avait mise dans la chambre d'amis, toujours pleine en été, mais vide en cette saison. Les enfants pouvaient aller la voir et tâcher de deviner ce qu'il y avait dedans. Défense d'y toucher, par exemple! Depuis une semaine, la caisse avait été ouverte et l'entrée de la chambre d'amis interdite aux enfants. Ils s'étaient engagés sur l'honneur à n'y pas pénétrer et avaient tenu parole. On regardait bien par le trou de la serrure, mais la clé empêchait de voir. Maman et grand'mère étaient très affairées: elles préparaient les belles chaînes de papier de couleur, les paniers pour les bonbons, les noix dorées; elles mettaient des ficelles aux biscuits, aux pommes conservées tout exprès pour l'arbre. Enfin le grand jour est arrivé. Le sapin du père Jousse, déraciné et transporté par Chamay, le charron, est là, paré, brillant! Comme il est beau! Comme il a l'air majestueux et grave! Il étend ses rameaux flexibles d'un air de douce protection, il semble dire:

—Me voici, mes petits amis! Je suis envoyé par des coeurs reconnaissants. J'ai quitté pour vous la forêt où j'ai grandi libre et heureux; j'ai secoué dehors ma robe blanche pour venir orner ce soir votre demeure toujours ouverte à ceux qui souffrent. Aussi mes branches portent avec joie, pour vous, jouets et friandises. Réjouissez-vous avec moi!

Ah! il n'est pas besoin de le dire, de se réjouir! C'est déjà un tapage infernal. Grand'mère se bouche les oreilles, papa et maman demandent en vain le silence.

—Voilà mon cheval de bois, voilà mon cheval de bois! crie à tue-tête Odet, le plus petit, gros bonhomme joufflu, dont les grands yeux noirs brillent comme des diamants sous ses boucles dorées.

—Et moi, voilà ma trompette, ma belle trompette que j'ai demandée! dit Jean, joli garçonnet de cinq ans, blond aussi, mais plus frêle, dont les yeux bleus profonds, les traits délicats et volontaires forment un parfait contraste avec la rondeur naïve de son cadet.

—Ma poupée, ma poupée! s'écrie en extase Marie, l'unique fille, la petite maman déjà sérieuse de ses frères. Elle est bien plus belle que la poupée de grand'mère, que j'aime bien, pourtant. Elle a des cheveux, de vrais cheveux d'enfant qu'on peut peigner, et non pas un chignon noir en porcelaine, comme l'autre! Elle est justement habillée de bleu, comme je le désirais tant!

—Et moi, et moi, je vois le couteau de grand garçon dont j'avais envie! s'exclame François, le fils aîné, l'homme en second de la famille, l'ami et le compagnon de son père. Je n'espérais pas qu'on me le donnerait encore. Il a une serpette pour couper les bâtons et pour les tailler, quel bonheur! Faisons une ronde autour de l'arbre, tu permets, papa?

—Certainement.

—Venez, Mariette, dit François, à la vieille bonne qui contemple l'arbre, sûre, elle aussi, de n'avoir pas été oubliée.

Et les voilà qui tournent comme des fous, jusqu'à ce que les petits tombent, exténués.

—Maintenant, c'est assez, dit le père. Venez vous asseoir un tout petit moment là, auprès de la grande bûche qui donne si chaud et qui brûle si bien; je vous expliquerai ce que c'est que Noël et pourquoi nous sommes si heureux quand c'est Noël.

—Je le sais, dit Jean. Noël, c'est quand Jésus est né dans une crèche!

—Et pourquoi sommes-nous si contents, quand c'est Noël?

—Je le sais, moi aussi, dit Odet, dont la figure épanouie s'épanouit encore. C'est parce qu'il y a un arbre avec des joujoux et des pommes et des gâteaux, et un pudding qui brûle avec du rhum, à dîner, et parce que nous restons levés jusqu'à dix heures, comme les grands, et que tu nous racontes des belles histoires.

—Et que, le lendemain, nous trouvons des jouets dans nos souliers, reprend Jean.

—Oui, mais pourquoi, nous, les grands, fêtons-nous ce jour-là en vous donnant toutes ces joies?

—Parce que vous êtes un bon papa et une bonne maman et une bonne grand'mère, et que vous nous aimez, dit en rougissant la blonde Marie.

—Oui, sans doute; mais c'est aussi parce que nous sommes contents nous-mêmes. Et nous sommes contents parce que la nuit de Noël, il y a plusieurs siècles, dans les champs de la Judée, comme les bergers gardaient leurs troupeaux, tout à coup ils ont vu le ciel s'ouvrir, une grande multitude d'anges a paru, et qu'est-ce qu'ils disaient, François?

—«Paix sur la terre, bonne volonté parmi les hommes!»

—Oui, et cela veut dire: hommes de la terre, Dieu vous aime malgré vos péchés, puisqu'il vous envoie son Fils pour vous sauver. Alors, suivez son exemple, aimez-vous bien fort, vous aussi, les uns les autres, et, puisqu'il vous sacrifie ce qu'il a de plus précieux, vous, à votre tour, sacrifiez-lui vos haines, vos querelles, votre égoïsme: soyez en paix entre vous, ayez de la bonne volonté, de la bienveillance les uns envers les autres.

—Vi, dit gravement Odet. Et quand on donnera les affaires?

—Tout de suite, mon bonhomme. Je vois que vous êtes trop impatients pour m'écouter; après, vous serez peut-être plus attentifs.

A ce moment un coup de marteau vigoureux retentit dans le silence de la nuit et fit trembler la vieille maison.

—Qui peut bien venir à cette heure et par ce temps horrible, car il neige à gros flocons, dit grand'mère avec inquiétude, en regardant à travers les doubles fenêtres, à un endroit où le contrevent manquait.

—Je vais voir, dit M. Malprat.

—Moi aussi, moi aussi, je voudrais voir, j'irai avec toi, disent les enfants.

—Non, mes petits. Il fait trop froid dans la cour. Attendez-moi; je reviendrai avec celui qui frappe: quel qu'il soit, il aura une place auprès de la bûche de Noël.

Tous écoutent, anxieux. Au bout d'un temps assez long, car il faut dégager la porte, on entend un double pas d'homme, puis le pasteur entre, suivi d'un grand montagnard. Celui-ci enlève sa cape, alourdie par la neige, et secoue ses bottes sur le seuil.

—Bonsoir, Mesdames et la compagnie, dit-il d'une voix forte.

—Bonsoir, Monsieur, lui répond-on.

—Lucie, vite un grog à Monsieur, dit le pasteur à sa femme. Il vient de loin et le froid pince terriblement.

La jeune femme se hâte de préparer la chaude boisson, mais elle ne peut s'empêcher de dire, en la lui présentant:

—Vous ne venez pas chercher mon mari, j'espère. Monsieur? Il fait trop mauvais pour sortir, ce soir.

—Je vous fais pardon, Madame, dit l'homme, tout honteux de troubler la jolie fête de famille. C'est pas pour moi, c'est pour ce pauvre mal en point de père Lecointre. Il est tombé d'une attaque en sortant du cabaret, ce matin, et il est quasiment mort à c't'heure. Et sa femme m'a dit comme cela: «Voisin Leblanc, allez donc prier M. le Ministre qu'il vienne voir mon pauvre homme qui est bien peu en état de paraître devant le bon Dieu; qu'il vienne pour l'amour du Christ; s'il mourait sans avoir entendu une bonne prière, je ne me consolerais jamais.» Et je suis parti, car la pauvre vieille me fendait le coeur tant elle pleurait; mais je vois que je tombe bien mal ici, dans cette fête.

—A-t-on fait chercher le médecin? demande grand'-mère.

—Non, on ira demain matin. C'est qu'ils se font payer gros quand on les dérange la nuit, et avec ce temps, les médecins.

—Alors le danger n'est pas très pressant, dit la jeune femme: tu pourrais bien attendre le jour toi aussi, Fred, comme le médecin... Mais un regard sévère de son mari la fit s'arrêter, confuse.

—J'irai, dit-il simplement.

—Vous savez qu'il neige à gros flocons; les chemins disparaîtront bientôt, la nuit est horrible; pas une étoile ne se montre: vous vous perdrez, Fred. Pensez à mon anxiété, à celle de votre femme, de vos enfants: on a tant besoin de vous ici; songez-y—dit grand'-mère, suppliante.—Au moins vous retournerez avec Monsieur Malprat, ajouta-t-elle en s'adressant au visiteur.

—Ah! non, par exemple! Je vais coucher à l'auberge; je ne m'aventurerai pas une seconde fois sur la neige, surtout maintenant qu'il fait nuit. Je fais ma commission, moi; mais, si j'ai un conseil à donner à Monsieur le Pasteur, c'est de patienter jusqu'à demain lui aussi. Nous partirons ensemble. Alors, pour sûr, nous nous tirerons d'affaire.

—Et si Lecointre meurt cette nuit?

—Tant pis, ma foi! ce sera pas de notre faute. Il avait rien qu'à ne pas se griser au cabaret comme un pas grand chose qu'il est, pour être saisi par le froid, à son âge!

—Lucie, ma chérie, aie la complaisance de préparer ma grosse pelisse fourrée, mes bottes pour la neige, le fez que tu m'as porté de Nice, l'an dernier, il tient bien chaud, mes gants de laine. Vous, Mariette, vite un morceau de n'importe quoi, là, sur le coin de la table, je vous prie. Puis j'irai seller Ali et nous partirons. Il est six heures; à cause de la neige, même en marchant bien, nous ne serons pas arrivés avant minuit; nous attendrons le jour pour repartir, et nous serons de retour demain, vers l'heure du déjeuner.

—Mais au moins, ne t'en va pas avant d'avoir donné les joujoux. Oh! papa, nous ne voulons pas fêter Noël sans toi! dit François. Pense comme nous serons tristes, alors que nous serions si heureux, si tu restais!

—Oui, mais moi je ferais le contraire de ce que je prêche. Vous vous souvenez de ce que je vous disais, il y a un instant à peine, à propos de Noël? Eh bien! que cela me dérange ou non, je dois avoir la «bonne volonté» d'aller répéter à ce vieillard qui va mourir justement ce que les anges annonçaient à la terre il y a deux mille ans bientôt: que Dieu l'aime et qu'il lui pardonne s'il se repent. Il n'y a pas un instant à perdre; songez donc: si, à cause de vos joujoux, j'arrivais trop tard, quel remords!

Les petits ne l'écoutaient pas. Ils pleuraient et s'accrochaient à ses jambes.

—Reste, papa, reste pour la veillée, disait Jean. Tu as *promis* de raconter des histoires.

—Maman le fera à ma place.

—Elles ne sont pas aussi jolies que les tiennes, les histoires de maman.

—Et le pudding, papa, ajoutait Odet, il ne sera pas bon sans toi!

—Vous le garderez pour demain!

—Tu vas t'égarer... Oh! papa, ne pars pas ce soir, je t'en prie, attends à demain, suppliait Marie.

—Ne crains rien, petite folle, je connais la route. Demain, à dîner, si vous avez été sages, nous mangerons le fameux pudding, et après je vous raconterai des histoires: cela fera que vous en aurez eu deux fois au lieu d'une. Et nous serons beaucoup plus heureux qu'aujourd'hui, parce que j'aurai fait mon devoir, tandis que si je restais ce soir, nous penserions tout le temps au père Lecointre, ce qui ne serait pas drôle. Voilà, je suis prêt. Adieu mes bien-aimés, soyez sans inquiétude; vous, petits, amusez-vous bien avec vos joujoux!

Et, emmitouflé dans sa pelisse fourrée, ses beaux cheveux noirs cachés à moitié sous son fez rouge, le pasteur quitta la chambre, les yeux rayonnant de jeune vaillance et de bonté.

II

Dans l'écurie, Ali sommeillait, bien au chaud, sur une épaisse litière. On lui avait donné double ration d'avoine pour qu'il eût, lui aussi, sa petite fête. En entendant ouvrir la porte, il dressa la tête et se mit à hennir avec inquiétude. Bien sûr, on ne songeait pas à le faire sortir, à l'heure où tout, dort, dans la nuit glacée!

C'était un petit cheval arabe, délicat et fier, une bête de race, achetée à vil prix dans un marché des environs. Comment avait-il quitté ses sables dorés pour ce climat rude, nul ne le savait. Vif et intelligent, il comprenait tout, il aimait son maître, obéissait à sa voix, et, quand il le portait, ne faisait qu'un avec lui.

—Allons, mon pauvre Ali, il faut partir, vois-tu, dit le pasteur en le sellant; je n'aime pas la neige plus que toi, vieux camarade! Comme toi, je suis du pays du soleil, et le froid me glace jusqu'au coeur... C'est dur de quitter ce soir litière et coin de feu; mais mon maître, à moi, commande; donne ta tête fine, mon ami, et partons.

La lourde porte de chêne à gros clous rouillés retombe pesamment, et son bruit retentit dans tous les coeurs.

Le village, à demi enseveli dans un épais duvet blanc, dort. Pas un rayon ne filtre à travers les contrevents soigneusement clos. Le petit cheval marche vaillamment; il relève ses jambes nerveuses qui s'enfoncent sans bruit dans l'épaisse couche blanche. La neige tombe à gros flocons lourds. Cheval et cavalier sont bientôt tout blancs. Ils avancent lentement, semblables à des ombres errantes, et leur silhouette fantastique se perd dans la nuit.

Ils vont, ils vont sans s'arrêter; ils traversent des bois, des champs, des villages; ils montent, ils descendent, ils remontent. Le froid, un froid toujours plus intense et plus profond, les pénètre jusqu'aux moëlles. Il semble au ministre qu'il n'est pas sur la terre, qu'il marche dans un pays de rêve, sur un linceul immense, enveloppé dans un suaire glacé. De sa main engourdie, il flatte sans cesse la bête dévouée et courageuse.

—Avance, Ali, avance encore, mon ami, nous approchons: tu auras bientôt une grosse ration d'avoine et une bonne litière.

Tiens! où donc est le poteau qui marque le croisement des chemins? Enseveli, sans doute. Voici bien un arbre; il ressemble au hêtre qui se trouve au coin de la route, mais qu'est devenue la haie du champ qui la borde? Disparue sous la neige, peut-être aussi. Se serait-il trompé? Non, pourtant, ce n'est pas possible. Il a fait si souvent cette course qu'il irait les yeux fermés, lui semble-t-il. Bientôt il verra la ferme des Lambert; il sera tout près d'arriver, alors. Courage!

Mais sa tête s'alourdit étrangement. Ses tempes battent à l'assourdir. Ah! qu'est-ce donc qu'il entend dans le lointain? Des cloches? Non, ce n'est pas possible, il est trop loin d'un village maintenant. Mais oui, ce sont des cloches, de merveilleuses cloches de Noël. Comme elles chantent gaîment! Oh! le beau carillon! Il ressemble à celui de la vieille église dans sa ville natale, là-bas, au doux pays du soleil. A son appel les gens sortent, emmitouflés, de leurs maisons chaudes, et se répandent dans les rues éclairées. Quel bruit et quel mouvement, comme c'est gai! Que fait-on au presbytère? Les petits sont couchés dans leurs lits bien douillets; Odet et Jean dorment; leurs têtes blondes reposent auprès de leurs jouets neufs. Ils ont prié pour papa, bien sûr, pour ce pauvre papa errant dans la neige. Comme il fait froid! Maintenant, le linceul blanc devient rigide et dur; c'est une souffrance atroce de marcher dessus. Maître et cheval ne sont plus qu'un bloc de glace: le gland du fez de M. Malprat s'est collé à sa moustache et forme avec elle un gros glaçon; sa pelisse raidie craque à chaque mouvement. Cela est si cruel que lui, l'homme fort et courageux, il sent couler de ses yeux des larmes qui se figent immédiatement.

Lucie et grand'mère veillent au coin du feu, sans doute, dans la grande salle à manger sombre, auprès de l'arbre éteint. La bûche de Noël croule, consumée. Silencieuses, elles pensent à l'absent, elles l'attendent. Oh! ce foyer, comme il lui apparaît radieux et attrayant, dans la nuit glacée! La maison, la chère maison, où des visages aimants l'accueillent toujours! La maison, fraîche et sombre, lorsqu'il vient de la chaleur et du soleil aveuglant, chaude et éclairée, lorsqu'il vient du froid et de la nuit. Le nid, l'abri sûr où il se repose après les fatigues et les dangers, dans le bien-être et la sécurité; la gardienne fidèle de ses trésors, le seul coin du monde qui soit à lui, bien à lui. Il a toujours hâte d'y retourner, mais jamais elle ne l'a attiré avec tant de puissance. Il n'a qu'à tourner un peu la bride de son cheval et aussitôt c'est vers elles qu'ils voleront, retrouvant des forces. Elle apparaîtra, masse informe, au bout du chemin. Il frappera: le marteau fera bondir de joie les coeurs anxieux; la porte s'ouvrira: sa porte, et il retrouvera le bonheur, la vie... Mais il faut marcher.

La ferme des Lambert n'apparaît toujours pas. Oh! encore les cloches! Qu'est-ce qu'elles disent donc si fort et si doucement à la fois! «Paix sur la terre, paix sur la terre, bonne volonté parmi les hommes.» Oui, il comprend; il lui faut encore de la bonne volonté, il en aura. Les cloches se taisent. Le froid cesse, semble-t-il; un sommeil exquis commence à envahir le jeune homme. Où est-il donc, et qui lui a mis sur le corps cette chaude couverture blanche? Quelque chose comme de la plume tombe sur son front. Il est vraiment bien fatigué, que cela va être bon de dormir! Brusquement la neige, le froid, la souffrance, tout disparaît. Il est dans un champ de la Judée, par une belle nuit sans nuage. Étendu sur l'herbe épaisse, il contemple le ciel étoilé! Tout à coup, une grande lumière resplendit, la voûte infinie s'entrouvre, une nuée d'anges en sort, affairée, blanche, d'un blanc plus resplendissant mille fois que la neige fraîchement tombée. «Gloire soit à Dieu au plus haut des cieux», disent-ils, et les cloches sonnent à toute volée, des millions de cloches, celles du monde entier qui célèbre Noël.

A ce moment, dans la morne et silencieuse étendue, un cri lugubre s'éleva; il alla se perdre dans les ténèbres sans éveiller d'écho. C'était l'appel de détresse haletant, rauque, d'une bête à l'agonie, la plainte presque humaine d'un être impuissant qui voit venir l'ennemie redoutable, la mort, qui ne peut se défendre mais qui proteste, frissonne et se cabre, follement épouvanté. Le jeune pasteur est brusquement tiré du sommeil qui commençait à l'envahir.

—Où suis-je, dit-il; qui a crié, qui m'appelle?

Rien ne lui répond, mais un souffle chaud et oppressé caresse sa figure, une langue rugueuse lui râpe la joue.

—C'est toi, Ali? Pourquoi suis-je couché par terre, où allions-nous?

Il dégage avec peine ses membres engourdis, se lève et tâche de se ressaisir. Soudain, l'arbre de Noël, la visite de Leblanc, le départ, la route interminable dans le froid atroce, tout lui revient à la fois. Il comprend qu'il s'est endormi, qu'il a glissé de son cheval sur la neige et que, sans Ali, il ne se serait pas réveillé. Alors, prenant dans ses bras la jolie tête de l'animal:

—Ah! mon fidèle compagnon, mon bon cheval, lui dit-il, merci! Tu me fais honte. C'est moi, l'homme, qui ai manqué de courage, et toi, la bête, qui m'as rappelé à l'ordre! C'est bien, ce que tu as fait là, mon petit! Mais, comme tu trembles! Ton poil est tout hérissé encore, ta poitrine se soulève comme le soufflet d'un forgeron. Tu as vu venir la mort et tu as frémi, car elle était horrible ainsi, n'est-ce pas, dans ce froid, dans cette solitude! Comme l'âne de Balaam, tu as presque trouvé la parole pour avertir ton maître. A mon tour maintenant de te donner du courage. Là, là calme-toi, mon brave, le danger est passé. La neige cesse de tomber, le jour va poindre et dissipera les épouvantes. Voyons, où sommes-nous? Qu'est-ce que cette tache noire, là-bas, entre ces sapins?... Mais c'est la grange des Bedaux, il me semble! Nous nous serons trompés de chemin au croisement des routes, vois-tu. Nous tournions le dos aux Dastres où nous allons: je comprends pourquoi nous ne trouvions jamais la ferme des Lambert. Allons, repartons; encore un effort et nous serons arrivés.

III

Cependant on veillait dans le vieux presbytère. Après le départ du pasteur, Mme Malprat et sa mère avaient distribué les jouets aux enfants, éteint l'arbre. Puis on avait dîné tristement; et, vite, la dernière bouchée avalée, les petits s'étaient groupés autour de leur mère, réclamant les histoires promises. Mais elle était trop anxieuse pour s'en tirer de façon à contenter son auditoire.

—Paul fut fouetté parce qu'il avait été méchant..., disait-elle.

—Mais c'était Louis qui était méchant et Paul qui était gentil! s'écriait une voix indignée.

Alors, y renonçant, elle avait pris les évangiles et avait lu simplement le récit de Noël.

—Maman, dit Odet quand ce fut fini, sais-tu ce qu'il faut faire? Il faut demander à Dieu d'envoyer un de ses anges pour garder mon papa. Puisqu'il en a une multitude et qu'une multitude ça veut dire beaucoup, beaucoup, cela lui sera bien facile, et puis, Papa est parti pour obéir à ce qu'il a dit.

—Eh bien! demande-le lui toi-même.

—Mon Dieu du ciel, dit Odet, joignant ses petites mains et prenant un air céleste, envoie un de tes anges pour garder mon papa qui est parti à cause de la bonne volonté... Amen!

Les petits couchés et endormis, les mères étaient restées seules dans la vaste pièce. Elles avaient pris leurs ouvrages, de gros tricots de laine pour les orphelins de la paroisse: pauvres enfants des grandes villes qu'on envoyait en nourrice dans ce coin isolé des montagnes et que personne ne réclamait jamais. Elles ne parlaient pas, ne voulant pas se tromper mutuellement et n'osant pas se communiquer leurs pensées. Elle priaient à voix basse et attendaient. Les heures se traînaient, mornes, aigrement sonnées par le coucou suspendu au mur. Tout était silencieux au dehors et dans la maison. Elles n'entendaient que le tic-tac du balancier marquant les secondes, le cliquetis des aiguilles agiles et les battements de leurs coeurs rythmant leur angoisse. Le grand arbre assombri, dépouillé, semblait attendre aussi, inquiet et grave.

De temps en temps l'une des femmes se levait et allait à la fenêtre.

—Eh bien? disait l'autre.

—La neige tombe toujours, répondait-elle.

Lorsque minuit sonna, elles se levèrent et s'embrassèrent.

—C'est Noël, malgré tout, mon enfant, dit grand'mère. Bon Noël à tous ceux qui souffrent, à ceux qui sont loin, comme à ceux qui sont près! Fred doit être arrivé maintenant comme il l'avait dit: si tu allais te coucher?

—Vas-y, mère, pour moi je ne pourrais pas fermer l'oeil.

—Non, mais tu te reposerais.

—J'aime mieux rester levée. Si, par hasard, Fred rentrait, n'ayant pu trouver son chemin? Je doute qu'il ait pu aller jusqu'au bout avec ce temps.

—Fred connaît trop bien le pays pour s'égarer. A cette heure-ci il est arrivé, et il se repose; va en faire autant.

—Iras-tu, toi?

—Non, moi je suis vieille, cela ne compte pas.

—Eh bien! moi je suis jeune, cela ne compte pas non plus.

A ce moment, la porte s'ouvrit et Mariette entra portant un plateau.

—Bon Noël à mes maîtres, dit-elle.

—Bon Noël à vous et à tous les vôtres, lui répondit-on. Comment, vous n'êtes pas couchée?

—Ah! non, par exemple! Monsieur n'aurait qu'à rentrer et à réclamer son dîner: c'est pas Madame qui m'avertirait, n'est-ce pas? J'ai pensé qu'un peu de tilleul ne ferait pas de mal à ces dames; elles le boiront, puis elles iront se coucher...

—Allez-y vous-même, ma fille, dit grand'mère. Madame et moi sommes décidées à attendre encore.

—Eh bien, avec leur permission, je ferai comme ces dames.

—Alors, venez auprès de nous, vous aurez plus chaud qu'à la cuisine.

Et la triste veillée continua, à trois maintenant.

Vers le matin, la jeune femme tressaillit. Elle se leva, toute pâle.

—Mère, dit-elle, n'as-tu pas entendu? Il m'a semblé qu'on appelait. N'a-t-on pas frappé à la porte?

—Non, mon enfant. Je n'ai rien entendu. C'est ton imagination surexcitée qui t'a fait croire cela.

—Non, non, je t'assure, il s'est passé quelque chose d'extraordinaire. Mon coeur a été serré comme par un étau.

—Tu sommeillais, sans doute, et tu as rêvé. Viens voir, le jour va paraître, la neige ne tombe plus. Secoue tes idées noires, ma chérie, et va dormir un instant pour que Fred, à son retour, ne te voie pas cette mine défaite.

IV

Un jour pâle blanchissait la blanche campagne, lorsque le pasteur arriva aux Dastres et frappa à la porte du père Lecointre.

Une vieille femme, ridée et grise comme une pomme cuite, vint lui ouvrir.

—Oh! c'est vous, Monsieur le Ministre, s'exclama-t-elle. Je ne comptais pas vous voir ce matin. La nuit a été terrible; comment avez-vous fait pour trouver votre chemin?

—Est-ce que j'arrive à temps? Votre mari...

—Il est beaucoup mieux à c't'heure.

—C'était-il véritablement une attaque?

—Ma foi... non, Monsieur le Pasteur, dit-elle avec confusion en le faisant entrer. Faut que je vous dise. Nous l'avons cru perdu, d'abord. Il avait été au cabaret où il avait bu un coup de trop, suivant sa mauvaise habitude. En sortant, le froid l'aura saisi. Il est tombé raide sur le chemin. Il était sans connaissance, et pâle comme un mort; il est resté ainsi quatre heures durant. C'est alors que j'ai prié le voisin Leblanc d'aller vous quérir. J'avais si tellement peur que mon pauvre homme trépassât comme cela, comme un chien vautré dans son vomissement! Mais, quand j'ai vu chuter la neige, j'ai pensé: «Pour sûr, Monsieur Malprat ne viendra pas.» Et vous êtes là! Comment avez-vous fait pour arriver jusqu'ici?

—J'ai eu assez de peine, en effet, mais j'avais mon fidèle cheval pour me tenir compagnie. C'est une brave bête. A propos, faites-le soigner, il en a bien besoin. Je vais auprès du malade.

Un rude combat se livrait dans l'âme du ministre, une heure après, tandis que, réchauffé auprès d'un grand feu, réconforté par un bon déjeuner, il songeait à la nuit affreuse qu'il venait de passer... pour rien. Car le père Lecointre avait seulement ce qu'il appelait grossièrement, en riant, «une double cuite». De repentir, il n'en avait guère manifesté tout à l'heure, quand le jeune pasteur croyait de son devoir de lui dire quelques paroles sévères.

Il était là, au fond de la pièce unique, béatement couché dans le lit-armoire enchâssé au mur. Son visage rouge et tuméfié sortait à moitié, sournois, de dessous les couvertures. Des mèches de cheveux, d'un blanc jaune, passaient sous son bonnet de coton noir. Dans ses petits yeux, luisants et ronds, qui prenaient un air dévot dès que le pasteur le regardait, une petite flamme malicieuse brillait.

—Heureusement, songeait-il, on ne le paye pas comme le médecin, ce grand nigaud-là. Autrement, ça coûterait chaud! Le voilà tout capot à c'te heure.

Eh! eh! y venait pour me voir passer, et y me trouve guilleret, prêt à recommencer. Y ne m'enterrera pas de cette fois-ci encore!

—Le malheureux! pensait Monsieur Malprat. Il ne m'a pas même écouté! Et c'est pour lui que nous avons risqué nos vies, moi, père de famille, et Ali, qui est mille fois moins brute que lui! C'est pour ce misérable ivrogne qu'on a passé au presbytère une affreuse nuit de Noël, pour lui que la fête, si impatiemment attendue par les enfants, a été manquée!

Et une folle envie lui venait de crier à cet homme son infamie.

La femme s'empressait, honteuse, attendrie, ne sachant comment témoigner à M. Malprat sa reconnaissance et son regret d'être cause qu'il avait exposé sa vie pour rien. Comme il repartait sur Ali, restauré et allègre:

—Monsieur le Ministre, dit-elle, il n'y aura pas de culte aujourd'hui, à cause de la neige, n'est-ce pas?

—Non, ma brave femme, je crois que je prêcherais devant des bancs vides.

—Eh bien! m'est avis que vous avez fait cette nuit un sermon de Noël que vos paroissiens n'oublieront pas de si tôt. Tout le monde le comprendra, celui-là: les ignorants comme les savants, les simples comme les intelligents. Que le bon Dieu vous bénisse pour votre bonté!

Le jeune homme partit, joyeux. La neige ne tombait plus. Un gai soleil transformait le paysage. Montagnes et vallées, bois et plateaux étaient encore tout blancs, mais ce n'était plus le funèbre linceul de la nuit, c'était un manteau royal, d'une pureté immaculée, étincelant. Des cristaux brillaient à toutes les branches des arbres, aux toits de toutes les maisons. Le petit cheval marchait d'un bon pas.

—Eh bien! Ali, lui dit son maître, cela va mieux que tout à l'heure, hein? Quel magicien que ce soleil! Qui croirait que nous avons tant souffert, il y a quelques heures à peine, dans cette merveilleuse campagne! Mais vois donc comme tout est gai, comme tout est beau, maintenant, alors que tout était si mortellement triste, si lugubre, cette nuit! Nous passons, sans transition, du cauchemar au rêve enchanteur. Le soleil, n'est-ce pas, la lumière, c'est la moitié de la vie. Oui, oui, tu me comprends, tu sens comme moi!... Quel malheur que tu ne puisses pas me répondre!

La route, si longue, la veille, pour les égarés, fut vite franchie. Vers midi, suivant sa promesse, M. Malprat frappait à la porte du presbytère. Aussitôt des cris de joie retentirent; et, dans l'encadrement de la porte, péniblement ouverte, il vit le groupe charmant de sa jeune femme, de ses beaux enfants, et de la grand'mère qu'il avait cru ne jamais revoir. Jusqu'à Mariette, qui riait d'aise, derrière les autres.

—Bon Noël à tous! cria-t-il du seuil.

—Papa, s'écria Odet, j'ai dit au bon Dieu de t'envoyer un de ses anges pour te garder. L'a-t-il fait?

—Oui, mon garçon.

—Ah! j'en étais sûr! Et tu l'as vu?

—Oui, mon petit.

—Comment était-il? Avait-il de grandes ailes et une longue robe blanche?

—Je te raconterai cela plus tard, ce soir.

—Oh! Fred, tu ne sais pas! s'écria la jeune femme. Aubert, le facteur, a été trouvé mort, enseveli dans la neige! N'est-ce pas horrible? Il a dû perdre son chemin et a été pris par le sommeil. Le chien du garde-forestier l'a découvert ce matin, vers sept heures, non loin de la ferme des Lambert. Nous avons été mortellement inquiets pour toi. Quelle nuit atroce!

—Eh bien! comment avez-vous trouvé le père Lecointre, demanda grand'mère, se hâtant de débarrasser son gendre de sa pelisse, et lui faisant passer des habits secs et chauds.

—Il était guéri. Il s'est enivré un peu plus qu'à l'ordinaire, voilà tout.

—Je le pensais bien, reprit-elle gravement.

—C'est indigne! s'écria Madame Malprat. T'avoir exposé à mourir gelé, nous avoir fait passer cette nuit d'angoisses, et tout cela pour rien! J'aurai de la peine à le lui pardonner, par exemple!

—Et notre veillée de Noël, qui a été gâtée, c'est une honte! s'écria François, exaspéré.

—Et le pudding que nous n'avons pas mangé! ajouta Odet.

—Silence, mes chéris!—dit sévèrement le pasteur, tandis qu'un frisson d'horreur le parcourait tout entier. Comment, vous vous plaignez et je suis là, auprès de vous! Mais, comme lui, j'aurais pu rester en chemin! Si Ali pouvait parler, il vous le dirait bien. Nous avons dû, même, passer près de ce malheureux sans le voir, sans lui porter secours! Ah! c'est abominable, mourir ainsi, dans ce froid, dans cette nuit, tout seul... Pourtant lui aussi faisait son devoir! Dieu l'a recueilli! Mais sa pauvre femme, ses petits enfants qui l'ont attendu, et qui ne le reverront jamais!... C'est affreux!

—Son petit garçon n'aura pas prié Dieu de lui envoyer un de ses anges, n'est-ce pas? demanda Odet.

—Je ne sais. Dieu seul sait pourquoi il m'a conservé, alors qu'il a pris ce pauvre homme. Il a, pour agir, des raisons, toujours supérieures, que nous ne connaissons pas. Allons vite déjeuner, maintenant: j'ai hâte d'aller voir sa veuve et ses orphelins. Ce soir, à la veillée, je vous raconterai mon inoubliable nuit de Noël. Sachez seulement que j'ai entendu des cloches, un merveilleux choeur de cloches; c'était une musique comme on n'en entend pas sur la terre. Et savez-vous ce qu'elles chantaient toutes ensemble, les grandes, les petites, les lourdes, les légères, les graves, les claires, en une harmonie infinie?

—Non.

—«Paix sur la terre, bonne volonté parmi les hommes!»

Décembre 1899.

REGARD MATERNEL

A Suzanne.

Dans le vaste salon aux panneaux boisés, peints en blanc, le grand arbre de Noël se dresse, éblouissant. Sa flèche aiguë touche le haut plafond. Les petites bougies qui, chacune à part, donneraient une flamme pâle et tremblante, font, ensemble, une lumière très intense, d'une gaîté incomparable. Elle court, cette lumière, le long des fils d'or et d'argent jetés parmi les branches; elle éclate sur les objets brillants pendus à tous les rameaux, elle avive le vermillon des pommes d'api et l'or des oranges. Puis, rayonnant autour du sapin, elle anime, là-haut, les visages des vieux portraits; les uns, frivoles et parés dans leurs costumes d'autrefois, ont l'air de sourire à la fête; d'autres, pensifs, regardant de leurs cadres dédorés comme d'une fenêtre ouverte sur le présent, paraissent rêver mélancoliquement aux choses d'autrefois, aux Noëls passés. Enfin, plus bas, la belle lumière éclaire les jeunes têtes vivantes qui se pressent autour de l'arbre, blondes et brunes, têtes de jeunes gens rieurs, de jeunes filles vêtues de fraîches toilettes, dont les yeux, illuminés par le plaisir, semblent concentrer en eux toutes ces lumières, toutes ces joies. Au milieu d'eux, une mince silhouette de femme, jeune encore, vêtue de velours noir, se détache, élégante et souple. Elle va et vient de l'un à l'autre, empressée, vive: c'est la maîtresse de maison, la mère de ces deux grandes fillettes si blondes, si roses, aux candides figures épanouies, qui sont le centre d'un petit groupe, à droite. Elle est blonde aussi, mais d'un blond plus atténué, doucement cendré. Ses traits menus, à peine touchés par la vie, paraîtraient enfantins à un observateur superficiel, sans deux grands yeux profonds, couleur de fleur de lin, deux yeux qui ont déjà vu bien des choses, qui ont pleuré et souri, des yeux qui comprennent et qui parlent.

Une odeur particulière, rappelant la forêt, le magasin de jouets, la fruiterie, «l'odeur de Noël», comme disent les petits, flotte dans l'air et met dans les coeurs cette allégresse très particulière, faite de souvenirs et d'espérance, de pardon et d'amour:«la joie de Noël».

Sur la mousse qui cache le pied de l'arbre, de nombreux paquets blancs, attachés avec des faveurs, sont posés. La distribution des cadeaux a commencé. Pour donner plus de gaîté à la fête, Mme Noguel a imaginé de mettre les objets qu'elle offre dans plusieurs enveloppes portant une adresse différente chacune. Ils circulent ainsi, de main en main, au milieu des cris de surprise, des rires, des exclamations, avant de s'arrêter à ceux auxquels ils sont destinés. Une litière de papier jonche le tapis. Le choix a été fait avec tant d'intelligence et de tact que tout le monde est content. Les jeunes visages rayonnent. La mère, heureuse de la gaîté qu'elle voit autour d'elle, rayonne aussi, dans la splendeur de sa beauté faite de bonté, modelée et comme refondue à l'image de son âme sereine. Elle pense qu'elle est mille fois plus heureuse aujourd'hui qu'au temps joyeux de son enfance, car son bonheur est décuplé par celui qu'elle donne à ses chéries, à toute cette belle jeunesse en fleur. Ses yeux clairs cherchent les regards pour y cueillir la joie du plaisir qu'elle y a mis et qui est la récompense d'un long et fatigant travail. Partout elle aperçoit la gaîté la plus franche et la plus vraie. A la fin, pourtant, elle tressaille: un regard a tremblé sous le sien et s'est dérobé.

Cachée derrière un groupe, une jeune fille, toute frêle et pâle dans sa sévère robe noire, regardait et s'efforçait de paraître gaie. D'épais cheveux châtains, partagés par une fine raie, encadraient de leurs bandeaux un peu raides son front pur. Sa jeunesse, qui aurait dû éclater dans ses vifs yeux noirs, semblait languir comme une plante privée de soleil; son teint, d'un blanc maladif, ses traits réguliers, lui donnaient l'air d'une petite statue triste. Pourquoi était-elle là, et qu'y faisait-elle? Sa place n'était pas au milieu de toutes ces lumières et de toutes ces gaîtés; sa robe sombre faisait tache, choquait comme une fausse note dans un air mélodieux. Quoi qu'elle fît pour la retenir, sa pensée s'échappait du salon brillant, elle courait le long d'une allée de platanes jusqu'à une large dalle de pierre grise où un nom très simple était gravé. C'était la première fois qu'elle assistait à une fête, depuis le jour cruel où sa jeunesse insouciante avait rencontré l'atroce réalité. Pour la première fois, ses vêtements de deuil s'éclairaient au cou et aux manches d'une étroite bande blanche. Ses soeurs lui avaient dit: «Voyons, vas-y, cela te fera du bien». Elle avait résisté, d'abord: non elle n'irait pas, elle resterait dans sa petite chambre solitaire; là, devant le portrait de la chère morte, elle revivrait les heureux Noëls d'autrefois. Elle penserait tant à sa mère, elle la chercherait si avidement dans cet infini où elle avait disparu que, peut-être, elle la trouverait, et que leurs deux âmes, détachées des liens de la chair, se rencontreraient encore dans une de ces extases de tendresse d'où elle sortait brisée, pourtant moins triste.

Pourquoi donc avait-elle cédé? Quelque chose qu'elle ne s'expliquait pas l'avait attirée en dépit d'elle-même, triomphant de sa résistance. Elle s'était laissé parer par ses soeurs, elle était venue. Et maintenant, dans cette réunion si gaie, parmi cette jeunesse ignorant la douleur, elle se sentait dépaysée, perdue: telle une hirondelle sauvage au milieu de brillants oiseaux des Iles.

Heureusement personne ne songeait à elle: ses compagnes et ses camarades causaient avec tant d'entrain qu'ils ne s'apercevraient pas de son absence. Toute tremblante, elle réussit à gagner, sans être vue, un coin sombre derrière un paravent, et, enfonçant son mouchoir sur ses yeux, elle força ses méchantes larmes à rentrer. Ah! quand donc saurait-elle porter sa peine? Allait-elle l'afficher au milieu de ces indifférents? Quel ennui si on la surprenait! On s'étonnerait. N'y avait-il pas deux ans, déjà? Son chagrin ne devait-il pas être allégé comme son deuil? C'était si loin pour les autres, deux ans! La sympathie, qu'on lui prodiguait bruyamment, les premiers temps, était usée depuis longtemps. Elle entendait celles qu'on appelait ses «amies» lui demander de nouveau: «—Pourquoi pleures-tu?»

Rien que deux ans, pourtant! Les années lui avaient semblé à la fois bien longues et bien courtes: n'est-ce pas hier que cela avait lieu? Mais que de nombreuses et ternes journées ont passé depuis!

Elle aussi se sentait jeune certes, elle aimait la vie, seulement elle n'avait plus tout-à-fait confiance en elle. Ne savait-elle pas, non par ouï-dire maintenant, mais par expérience, que nos joies les plus pures, les plus légitimes, sont instables et courtes, et qu'en face de cette vie mystérieuse et tentante, il y a la mort? L'appui naturel de son coeur, l'amie toujours bienveillante, inépuisablement indulgente et bonne, celle avec qui l'on ne compte pas et qui ne compte jamais avec vous, celle, enfin, qui était comme le fond même de son existence, comme sa raison d'être, était partie, et elle ne reviendrait pas...

Pour les autres, rien n'était changé, tout avait encore le charme enivrant d'une belle aurore sans nuage. Comment auraient-elles compris! Elles iraient, en rentrant, tout conter à leur mère, qui se réjouirait de leur joie, tandis qu'elle... Ah! comme sa chambre lui apparaît froide, silencieuse, triste!

Cependant Mme Noguel, qui observait la jeune fille, l'avait suivie des yeux dans sa retraite. Elle ne la connaissait pas beaucoup, mais sa jeunesse attristée avait attiré sa sympathie. C'était pour tâcher de l'égayer, pour la faire sortir de sa studieuse solitude, qu'elle l'avait invitée. Se serait-elle trompée? Ce coeur aimant n'était-il pas encore trop meurtri pour supporter la gaîté bruyante d'une fête?

Eh quoi! le mal était fait; comment l'atténuer maintenant? Devait-elle, respectant sa douleur, la laisser reprendre possession d'elle-même, ou bien irait-elle la trouver pour essayer de lui dire sa sympathie? Une tendre pitié emplissait son cour: elle aussi avait perdu sa mère toute jeune, elle aussi avait connu l'infinie détresse des orphelins. Elle pensait à ce que seraient les futurs Noëls de ses filles, si elle s'en allait.

Comme elle hésitait encore, Lucie retournait auprès de ses compagnes. Elle avait triomphé de sa violente envie de pleurer et revenait au milieu d'elles avec cet air calme qui leur faisait dire: «Elle est consolée.» Mme Noguel l'arrêta au passage; mais, au lieu des douces paroles qu'elle pensait, retenue par une étrange pudeur, elle lui dit: «Avez-vous été contente de votre cadeau, mon enfant?»... Seulement, sa voix avait des intonations délicates, comme pour parler à une malade; ses yeux traduisaient si bien sa pensée que la jeune fille se sentit touchée jusqu'au fond de l'être. Ah! ce regard maternel, comme il la remuait! C'était pour le retrouver, elle le comprenait, qu'elle était venue; c'était lui, l'aimant tout-puissant, qui avait vaincu ses résistances. Et, à présent, il pénétrait en elle, la réchauffant, la vivifiant, lui mettant au coeur une force, une espérance, une joie. Il était bleu ce regard, d'un bleu éteint comme celui qui lui manquait tant, profond et tendre; lui aussi savait, comprenait, devinait.

—Merci Madame,—fit-elle, levant vers la jeune femme un visage où courait une flamme inaccoutumée, «j'ai eu ce que je désirais le plus. Grâce à vous, moi aussi, j'ai mon Noël».

Décembre 1899.

LE LARRON

A Henri.

I
VIEUX NOËLS

«Le silence retombe avec l'ombre... Ecoutez!
Qui pousse ces clameurs? Qui jette ces clartés?»

V. HUGO
La ronde du Sabbat.
(Odes et ballades).

Le vent d'hiver fait rage. Son souffle puissant pourchasse dans le ciel les lourds nuages, balaye la vaste plaine, s'engouffre en hurlant dans les vallées, entoure les collines d'une longue caresse sifflante. En haut du coteau, il empoigne les châtaigniers centenaires, dépouillés de leurs feuilles jaunies, secoue leurs sommets en tous sens, entrechoque leurs vieilles branches noires, les fait craquer et gémir plaintivement. Il ébranle la porte mal jointe de la chaumière solitaire, comme si, irrité de l'obstacle, il était impatient d'entrer. Mais, subitement lassé, il s'apaise, il se tait, il laisse la nuit redevenir sereine, les étoiles scintiller dans le ciel nettoyé, les arbres se redresser, et, graves, élever dans l'ombre leur immobile silhouette. Puis, reposé, il repart, il reprend ses courses folles et sa grande clameur.

Tout est paix et silence en ce moment dans la petite maison. L'ennemi invisible, insaisissable, qui, tout à l'heure, semblait se ruer sur elle, s'est éloigné. Le susurrement d'une tige de fagot trop verte brûlant dans la cheminée, grande comme une alcôve, accompagne en sourdine le tic-tac d'une haute pendule de noyer. Une chandelle de résine, passée dans un anneau de fer fixé à l'âtre, vacille au courant d'air, et fait couler ses larmes d'ambre par terre. Sa lumière tremblotante, falote, éclaire les traits purs, émaciés par la souffrance, fatigués et brunis par le rude labeur des champs, d'une paysanne jeune encore, vêtue de noir, assise près du feu sur une chaise basse. Sa fine tête est alourdie par le fichu de mérinos des veuves, attaché en rond autour de son chignon serré, laissant à découvert les bandeaux réguliers de ses admirables cheveux bruns, rudes et épais. Un corsage à basques, tout uni, couvre son buste plat, affranchi du corset; une ample jupe très froncée, tombe de ses fortes hanches, aux mouvements rythmiques, jusqu'à ses pieds chaussés de sabots.

Debout, devant elle, un petit garçon, un blondin aux yeux bleus très-doux, enlève, d'un air boudeur, le plus lentement qu'il peut, l'un après l'autre, sa blouse de futaine, ses culottes de drap épais, son gros gilet tricoté. La jeune femme les plie avec soin et les pose sur un coffre de bois, près d'elle.

On aperçoit vaguement, dans le fond de la chambre, outre l'horloge de bois, un lit aux rideaux à carreaux bleus et blancs; à droite, une armoire à linge en chêne luisant et une antique huche à pain; à gauche, un vieux vaisselier rempli d'assiettes et de plats à fleurs, sur lesquels se reflète la flamme dansante du foyer.

Maintenant l'enfant n'a plus que sa chemise de toile blanche trop longue, sa première chemise de grand garçon dont il est très fier. Le feu rougit ses vigoureuses jambes brunes, toujours nues, et ses petits pieds nerveux.

—Allons, Yanoulet, dit la mère d'une voix douce, dépêche-toi donc! Fais vite ta prière, et au lit!

—J'ai pas sommeil!

—Tu dis cela, mais dès que tu auras la tête sur le traversin... Je t'ai mis un caillou bien chaud.

—Je me retournerai un grand moment avant de m'endormir.

—Il est neuf heures et demie; c'est tard pour un enfant de ton âge.

—Les enfants de mon âge vont à la messe de minuit: Peyroulin, et Yantin, et Joseph de Laborde...

—C'est possible. Mais tu sais bien que toi, tu n'es pas assez fort. Ça te fait toujours du mal de veiller. De plus, nous devons aller voir ta grand'mère à Nay, demain. C'est loin. Que dirait-elle si tu avais l'air fatigué? Elle croirait que je ne te soigne pas bien.

—Mais c'est de dormir trop, au contraire qui me rend malade.

—Ne dis pas des bêtises. Et puis, ce soir, les chemins sont glissants pour descendre au village; le vent est si fort qu'il te renverserait, et si froid, qu'il te percerait jusqu'aux os. Sûr, tu attraperais du mal. Allons, mon Yanoulet, ne fais pas le méchant, va te coucher. Si c'était possible, tu le sais bien, je te céderais: je n'aime rien tant que de te faire plaisir. Tu iras à la messe de minuit l'année prochaine. Il te faut manger encore un peu de soupe, vois-tu, avant, devenir grand et gros.

—Alors, si je suis petit, prends-moi sur tes genoux et raconte-moi une histoire, comme autrefois.

—Petit, petit, pas tant petit que cela, tout de même: tu as dix ans. A dix ans on est presqu'un homme. A dix ans ton pauvre père était déjà en condition et gagnait sa vie.

—Il allait à la messe de minuit.

—Peut-être...

—Tu vois bien. Moi, je veux toujours rester petit, être toujours ton hilhot[1], «lou pouricou de mama[2]».

Note 1: (retour) Petit fils.

Note 2: (retour) Petit poussin de maman.

En disant cela Yanoulet s'était glissé sur les genoux de sa mère; il entourait sa tête de ses bras déjà robustes et la serrait avec force.

—Lâche-moi, dit la veuve, tu m'étrangles. Ah! coquin, comme tu sais bien t'y prendre! Comme tu sais me faire faire tout ce que tu veux! Mais, si je te cède, promets-moi, au moins, d'être plus sage, plus attentif en classe: le maître m'a dit encore hier que tu n'écoutes pas, que tu restes les yeux en l'air, comme un innocent, au lieu de le regarder, lui ou ton cahier. Promets-moi de bien faire tes devoirs, d'apprendre tes leçons et non pas de t'échapper pour aller dénicher les oiseaux ou voler des fruits avec Peyroulin, ce qui est très laid; il t'entraîne toujours au mal, ce polisson-là! Il faut l'envoyer promener, lui dire de te laisser tranquille, que si, lui, veut faire le mauvais sujet, toi, tu ne veux pas.

—Oui, oui, Maï beroye[3], je le lui dirai, sois tranquille.

—C'est que, vois-tu, moi micot[4] je n'ai que toi au monde à aimer, que toi pour m'aider et pour me donner du contentement. Si tu savais comme cela me peine quand tu fais le mal! Tu es tout pour moi! Et puis, je sens si bien qu'il faudrait un homme pour te montrer comment faire; je ne sais que t'aimer et te soigner, moi; je n'ai pas le courage de te battre et de te punir. Tu ne m'en feras pas repentir, dis, hilhot de mon coeur, tu marcheras droit comme ton pauvre père?

Note 3: (retour) Jolie mère.

Note 4: (retour) Petit ami.

—Oui, oui, Maï, tu verras!

—Il faut, d'abord, te dépêcher d'apprendre à écrire et à compter, faute de quoi tu te laisserais voler, plus tard, par les gens de la plaine qui sont si rusés. Puis, quand tu sauras, tu m'aideras à bêcher le jardin, à labourer le champ et à soigner les bêtes: bien est besoin d'un homme, pour tout cela. Les ouvriers, vois-tu, ça travaille très peu et ça coûte très cher: c'est la ruine des maisons. Toi, tu seras le maître.

—Oui... et l'histoire?

—Sens-tu la chaleur du feu sur tes pieds, les pieds du petit enfant de maman qui est devenu un gros garçon méchant? Es-tu bien, là? Comme tu es grand et lourd, maintenant! J'en ai plein les bras, de toi, comme lorsque je porte une belle gerbe de blé!

—Allons, raconte: Il y avait une fois...

—Ah! petit capbourrut. Il y avait une fois un vilain enfant gâté qui faisait faire bien du mauvais sang à sa pauvre mère qu'il n'aimait pas.

—Ça, ce n'est pas vrai, je t'aime!

—Bien sûr?

—Sûr comme tu m'aimes, toi!

—Comme je t'aime, moi, c'est pas possible. Mais si je croyais que tu m'aimes seulement un peu... Tiens, fais-moi encore un poutou, prends ma capuche, que je t'enveloppe: tu te refroidirais..... Là!..... Commençons.

Quelle histoire veux-tu?

—Celle de la Terrucole d'abord.

—Bien. Je n'ai pas besoin de te demander si tu la connais, la Terrucole; tu n'y vas que trop, malgré ma défense. Il ne faut pas être bien fin pour comprendre que ce n'est pas un endroit comme tous les autres. Quand, arrivé au haut du coteau, on quitte la mauvaise route, bordée de châtaigniers, si vieux que les anciens d'ici ne se souviennent pas de les avoir vus planter...

—Le chemin d'Henri IV? Pourquoi qu'il s'appelle comme cela?

—Parce que le roi, dit-on, y passait, lorsqu'il s'en venait de Pau pour aller à son château de Coarraze embrasser sa mère nourrice. Quand donc, au lieu de continuer devant soi on tourne à main droite, on trouve un grand champ de tuyas[5], joli à voir, de loin, quand il est en fleurs, mais méchant à qui veut s'en approcher: tu sais comment il pique les pieds et les jambes nues des petits garçons désobéissants. Des serpents sont cachés là-dedans; aucune fleur n'y pousse, excepté, sur les bords, le safran violet, la fleur des trépassés qui vient à la Toussaint pour les morts dont les tombes sont abandonnées, que l'on dit. De ce terrain, on voit toute la plaine, tous les villages: Angaïs, notre église et le cimetière où ton pauvre père est enterré; Béouste, avec son clocher pointu qui sort des arbres; et, de l'autre côté du Gave, qui a l'air tout en vif-argent, Boeilh, Bezing, Assat; enfin, derrière, encore des coteaux et des villages et les montagnes, que les étrangers trouvent si jolies: paraît qu'il n'y en a pas, ailleurs, d'aussi belles; mais, à force de les voir, nous autres, nous n'y faisons plus attention. De là on aperçoit la fumée de toutes les chaumières, on voit passer sur les routes tous les chars, toutes les voitures, et le chemin de fer qui semble un serpent. Tu comprends si, à l'idée des esprits,

- 27 -

c'est là un bon endroit pour examiner le pays, pour suivre les mouvements des habitants de la plaine, pour les guetter, les pister; aussi, de tout temps à jamais, il a été le rendez-vous des hades[6] et des broutches[7], il est hanté. Il y en a qui l'appellent le «camp de César» et qui disent qu'autrefois, il y a très longtemps de cela...

Note 5: (retour) Ajoncs nains.

Note 6: (retour) Fées.

Note 7: (retour) Sorcières.

—Oui, oui, je sais, le maître nous l'a expliqué. César, c'était un capitaine romain. Il avait pris le pays et mis un camp à la Terrucole. Pour bien se cacher, avec ses soldats, il avait fait faire le talus et le fossé qui est derrière... tiens, juste là où est le Calvaire, maintenant.

—Mais, quand était-ce ça? Pas au moins du temps de ma mère, ni de ma grand'mère; personne, ici, ne s'en souvient.

—C'était bien avant!

—Du temps de la reine Jeanne, alors?

—Non pas, plus avant encore!

—Bah! tu crois cela, toi? Ça m'a l'air d'être des histoires que l'on dit pour faire venir les étrangers et pour leur tirer de l'argent en leur montrant le chemin. Moi, je m'en méfie. Le sûr, par exemple, c'est que, dans le vilain bois sauvage qui est après, demeurent les broutches et les hades; tout le monde dans le pays te le dira. Ma mère et ma grand'mère que j'ai perdues, trop jeunes hélas! en avaient vu toutes les deux. Aucun chrétien n'oserait y passer quand le soleil est couché. D'ailleurs, n'y a qu'à aller voir: même, en plein jour, il y fait si sombre au sortir du champ, que cela donne peur. Des bêtes courent partout: des crapauds, gros comme ton béret, des serpents, longs comme cette aguillade[8], des araignées, grandes comme la main d'un enfant, qui font leur toile d'un arbrisseau à un autre. On entend des cris de chouette, des sifflets, des plaintes, des gémissements. Les arbres, tant il y en a, se touchent presque. Il pousse là des genévriers et des buis énormes, comme l'on n'en voit que dans le parc du roi Henri, à Pau, et sur le haut des montagnes sauvages. Des ronces méchantes s'accrochent aux branches et retombent partout, griffant ceux qui s'en approchent. La mousse, une mousse presque noire, tant elle est serrée, empêche d'entendre marcher; l'air, pesant et chaud comme dans les maisons des riches, peut à peine passer. Ce sont les hades qui ont tracé le petit sentier droit qui va à travers les fougères. Quand la lune brille, il paraît blanc et fin comme le fil de ma quenouille. C'est par là qu'elles arrivent toutes, à la suite l'une de l'autre, à minuit, les jolies hades, dans leurs robes qu'on dirait tissées avec des fils d'araignées, couleur de la brume du matin. Leurs pieds touchent à peine la terre. Autour d'elles, les broutches, ces laides, tournent en faisant des grimaces, à cheval sur une racine de buis. Elles font, alors, leur sabbat, qu'on appelle, que c'est un tapage d'enfer. Dès la fine pointe du jour, tout ce monde disparaît. Les hades s'enlèvent ensemble, se perdent dans l'air, pareilles à la fumée; les broutches rentrent dans ces châtaigniers troués, frappés par le tonnerre, où nichent les hiboux, dans ces chênes qui ont de grosses bosses. Tiens, entends-les crier toutes à la fois... c'est terrible! Elles s'en donnent tant qu'elles peuvent maintenant, les maudites, sachant que, tantôt, elles devront se taire. Fais bien vite le signe de la croix, mon petit, et surtout, surtout, ne va jamais du côté de la Terrucole quand le soleil est couché, tu m'entends!

Note 8: (retour) Aiguillon monté sur un long manche qui sert à piquer les boeufs pour les faire marcher.

—Attends un peu que j'y aille, j'ai bien trop peur, moi! Mais, es-tu sûre que c'est vrai, tout cela? «Monsieur» dit que ce sont des histoires, des bêtises inventées par les vieilles femmes pour forcer les garçons et les filles à rester à la maison, le soir.

—Pas vrai! Monsieur le Régent est bien instruit, bien fin, je ne dis pas non; il écrit que c'est pareil à un dessin et il raconte des choses comme il y en a dans les livres et sur le journal; mais il ne peut pas nier, je pense, ce que ma pauvre défunte mère a vu de ses propres yeux, ce qu'elle m'a répété bien des fois. «Allez-y voir, qu'il vous dit, et si vous rencontrez une seule hade ou une seule broutche, je vous donne cent mille francs.» Le farceur! Les a-t-il, les cent mille francs, lui, d'abord? Oui, comme moi! Et puis, on sait trop ce qui arrive quand on va voir: on est pris immédiatement d'un mal très laid, le mal de Saint-Guy, qu'on dit. C'est comme si on avait un esprit dans le corps, qui vous force à faire ce que vous ne voulez pas faire. On devient pareil à un innocent: on tire la langue, on tourne la bouche, on remue la tête, les jambes, les bras.—Tu sais le fils de la Marianne, de Béouste, eh bien! il l'a eu, ce mal, mais il est guéri parce qu'il a fait le remède. Car, heureusement encore, il y a un remède, et facile. Faut, avant tout, pour apaiser les esprits, jeter dans le trou, avec de l'argent, un morceau de l'habit de la malheureuse ou du malheureux qui est possédé. Les riches y mettent des pièces blanches, s'ils veulent: il y en a même qui ont lancé jusqu'à de l'or, paraît, mais c'est très rare; ceux qui n'ont pas de quoi donnent des sous, le plus qu'ils peuvent. Pendant trente jours de rang, d'une lune à l'autre, chaque matin, quand le soleil se lève, faut aller dire des prières au pied du Calvaire qui est planté dans le talus.

—C'est pour cela qu'il y a toujours des chiffons par terre ou pendus aux branches, à la Terrucole! Comme il doit y avoir de l'argent là-dedans, depuis le temps qu'on en apporte!

—Oh bah! les hades et les broutches ramassent tout, va!

—Et qu'en font-elles?

—Je n'en sais rien; mais on pense qu'elles ont un trésor caché quelque part sur la hauteur: tiens, dans le champ de Lacoste, là où la terre sonne quand on y tape dessus avec les sabots! Mais personne n'a osé y aller voir, et ce n'est pas moi qui commencerai, té!

—Ni moi? Et puis, Maï, raconte ce que l'ont les hades et les broutches, la nuit de Noël.

—Ah! voilà; cette nuit-là elles sont bien badinées; elles ont peur, tu comprends, elles sont comme folles. Dès que descend le noir, elles font leur sabbat plus fort que jamais; vienne minuit, elles se taisent; les hades, fft!... disparaissent, les broutches se serrent dans leurs trous. A partir de ce moment, tout le monde peut passer sans danger par la Terrucole pour se rendre à la messe ou pour en revenir; et on ne s'en fait pas faute, cela raccourcit beaucoup. Jamais, il n'est rien arrivé à personne. C'est que, l'enfant Jésus, tout faible et tout petit qu'il est, vois-tu, micot, est le vrai roi du monde. Il est plus fort, à lui tout seul, que toutes les hades, que toutes les broutches, que tous les diables de l'enfer.

—Oui. Eh bien! alors, maintenant, raconte-moi son histoire.

—Mais je ne t'en ai promis qu'une, histoire; faut aller au dodo.

—Oui, oui, tout de suite. Joseph et Marie où ils allaient, Maï? J'ai oublié.

—A Bethléem, donc?

—Où c'est, Bethléem? Près d'ici?

—Non, très loin. C'est le village où ils étaient nés, mais ils n'y demeuraient pas. Ils y allaient pour des affaires qu'ils avaient, du blé à vendre ou des boeufs à acheter, peut-être. C'était comme qui dirait un jour de grand marché ou de foire. Dans ces temps-là, on ne connaissait ni les chemins de fer, ni même les courriers, paraît. On allait à pied.

—Comme nous autres, quand nous descendons à la ville?

—Oui. Il y avait beaucoup de compagnie sur les routes, se rendant aussi à Bethléem. Joseph et Marie marchaient depuis le matin. Marie, la pauvrine, était si fatiguée que ses jambes ne voulaient plus la porter. Enfin, vers le soir, ils arrivent. Toutes les auberges étaient pleines.

—Pourquoi qu'ils n'allaient pas chez leurs parents?

—Ils n'en avaient plus, faut croire, ils devaient être morts. Que faire, alors? Ils voient la grande maison d'un homme riche. «Té», qu'ils se disent, «dà il y a de la place, nous ne gênerons guère.» Ils frappent et demandent abri pour la nuit, tout juste un coin, n'importe ou pour se coucher et dormir. Mais l'homme riche leur fait réponse par ses domestiques:

—Où sont vos mulets et vos chevaux qu'on les mène à l'écurie?

—Nous n'en avons pas.

—Alors que venez-vous faire ici? Passez votre chemin! Ma maison n'est pas faite pour des mendiants comme vous.

Tout honteux, ils vont chez un hôtelier lui demander logis en payant.

—Gardez vos sous, qu'il leur crie; on ne reçoit pas ici de mauvais paysans comme vous!

Enfin, ils aperçoivent une auberge bien pauvre et de bien mauvaise mine. Ils, frappent timidement à la porte.

—Que voulez-vous? leur demande le patron, qui avait l'air d'un bandit.

—Nous voulons nous loger pour la nuit, histoire de nous reposer, après avoir mangé un morceau.

—Mon auberge est pleine, qu'il dit, je n'ai pas de place pour vous.

—Même en payant?

—Quand vous me donneriez de l'or plein mon béret, ça ne changerait rien; je n'ai plus de place, que je vous dis!

Alors Joseph regarda Marie qui tombait de fatigue et avait bien envie de pleurer.

—N'avez-vous pas un grenier avec un peu de foin, une écurie, une étable, n'importe quoi, que ma femme puisse s'asseoir et se reposer?

L'aubergiste qui, en fin de compte, n'était pas un méchant homme, regarda Marie à son tour. Il la vit si pâle, si jeune, la pauvre—à peine quinze ou seize ans—et si modeste, si charmante, qu'il eut le coeur crevé de compassion.

—N'est-il raisonnable, aussi, de faire marcher les enfants comme cela, et dans cet état, encore! qu'il leur dit. Eh bien! allons, entrez! nous nous arrangerons tout de même en poussant l'âne et en attachant le boeuf un peu plus loin vous pourrez vous loger.

Il les fit passer dans l'étable, leur porta une grosse botte de paille, et il dit doucement à la jeune femme: «Ma jolie enfant, asseyez-vous.» Et ce fut là que naquit le Sauveur du monde.

—Et que faisaient le boeuf et l'âne, Maï?

—L'âne regardait avec des yeux doux, et le boeuf ruminait tranquillement. Marie ôta sa mante, et en entoura le nouveau-né, son cher mignon si beau, aussi blanc que le lait, qui ne criait pas, comme s'il comprenait déjà tout. Joseph mit de la paille au fond d'une crèche avec un caillou rond pour coussin, et y déposa le divin enfant.

—Et les bergers, Maï?

—Eh bien! les bergers dormaient chacun auprès de ses moutons dans les étables bien chaudes. Tout à coup, un ange entra auprès de l'un d'eux, et, le tirant fort par le bras, le réveilla en disant qu'il venait lui apprendre une grande nouvelle. Le pasteur, qui s'était levé avant le jour, était très fatigué et dormait de tout son coeur.

—Laisse-moi tranquille, qu'il dit en se retournant et en bâillant. Il n'est pas jour encore, je veux dormir. Et le voilà reparti à ronfler.

L'ange le secoue de nouveau.

—Mâtin! crie le pasteur; attends un peu que je te fasse courir avec mon bâton!

Mais, les anges, c'est patient. Celui-ci lui parle d'un grand bonheur qui vient d'arriver au pauvre monde par un enfant qui est né dans une étable.

—Que me chantes-tu là? qu'il répond, incrédule. Le bonheur n'a jamais été le partage des misérables comme moi. Un enfant naissant pourrait-il changer quelque chose à notre sort malheureux? Pauvres nous avons toujours été, pauvres nous mourrons; il n'y a qu'à prendre patience.

L'ange lui explique: cet enfant, c'est le fils de Dieu, qui vient, non pas pour porter la nourriture du corps, mais celle du coeur, pour pardonner les péchés et enseigner le courage à ceux qui souffrent.

Le berger, bien réveillé cette fois, se tire du lit, s'habille, pousse sa porte: il voit le ciel ouvert et des anges qui volent dedans; une lumière, plus claire que celle de la lune quand elle est dans son plein, plus douce que celle du soleil, éclaire les prairies et les bois. Il entend dans les airs des chants divins; sur la route des voix, des bruits de sabots; certes, oui, il se passe quelque chose de pas ordinaire. Tout le village est réveillé; les pasteurs se rassemblent sur la place; la nouvelle s'est répandue, l'ange a parlé à plusieurs. Serait-il Dieu possible que cela fût vrai, que le Sauveur du monde vînt de naître, et dans une étable, encore? Tout tremblant et craintif il court rejoindre les bergers qui se préparent à aller faire visite à l'enfant Jésus.

—Allons, qu'il dit, je vais avec vous.

—Mais que lui porterons-nous, nous autres, pauvres? se demandent-ils tous ensemble, inquiets. Ce n'est pas l'usage, ici, d'arriver chez les gens les mains vides.

—Té! ce que nous aurons, tant pis! Puisqu'il connaît tout, il saura bien que nous ne pouvons pas faire plus.

—Moi, dit un qui était bien gêné, rapport à ce qu'il avait beaucoup d'enfants, je lui donnerai un pain de ma dernière fournée; moi, dit un autre, un jeune agneau de mon troupeau; moi, un fromage de mes brebis; moi, du lait fraîchement tiré; moi une bourracette[9] bien épaisse, faite avec la laine de mes moutons, pour le garder du froid.

Note 9: (retour) Lange de laine.

Nicodème, drin[10] de crème!

Arnautou, escautou[11]!

Dominique, drin de mique[12]

Note 10: (retour) Un peu de crème.

Note 11: (retour) Bouillie de maïs à la graisse.

Note 12: (retour) Gâteau de maïs à l'anis qu'on fait pour Noël.

—Et toi, Maï, que lui aurais-tu porté?

—Le coeur de mon hilhot et le mien.

—Oui, mais pour faire comme les autres?

—Eh Bien! le sac de froment qui n'est pas encore commencé, ou un beau canard avec une tourte.

—Continue l'histoire.

—Mais qui gardera nos bêtes quand nous serons absents? demande le pauvre pasteur qui avait tant d'enfants.

—Le Bon Dieu veillera sur elles!

—Et comment trouverons-nous notre route?

—Celui qui se fie à Dieu ne peut pas s'égarer. Mettons d'abord le chemin sous nos pieds, marchons toujours et nous verrons.

Et les voilà partis à travers la glace, la gelée, l'obscurité, car le ciel s'était refermé, partis, pour aller voir le petit enfant Jésus tant aimable et la Vierge Marie, adorable. L'un secoue sa clochette, un autre joue du violon, un autre de la trompette, un autre du clairon, un autre de la guitare. C'est un tapage, un combat, comme lorsque c'est la fête de chez nous. Les gens les regardent passer, étonnés. Enfin ils arrivent à Bethléem, trouvent les choses ainsi que l'ange leur avait dit.

Ils étaient tout ébahis, et ils regardaient, la bouche ouverte, ce petit enfant qui dormait comme tous les petits enfants, et qui, pourtant, un jour, devait sauver le monde en mourant sur la croix pour nos péchés.

—Et les mages, Maï?

—Eh bien! les mages étaient des espèces de rois très riches et très savants, eux, et pas des pauvres bergers ignorants. Lors donc qu'ils apprirent que le Sauveur était né, ils voulurent aussi aller le voir et lui porter des présents. Et ils pensaient trouver un enfant couvert de broderies, dans un beau palais. Ils ne savaient pas non plus le chemin; alors il virent une étoile qui marchait devant eux; ils la suivirent, et, quand elle s'arrêta sur une maison très laide et très petite, sur une auberge où descendaient les gens les plus misérables, ils crurent s'être trompés; mais l'étoile ne bougeait pas. Au moins le nouveau-né serait couché dans la plus belle chambre, en un berceau bien garni de plumes d'oie: mais non, il était dans l'étable, à côté des pauvres bêtes qui travaillent, dans une crèche, sur du fourrage. Ils furent bien attrapés, étant orgueilleux comme tous les riches; mais ils l'adorèrent quand même et mirent à ses pieds ce qu'ils avaient apporté: des parfums, de l'or, des bijoux et de l'encens; tu sais, ce que l'on fait brûler à la messe et qui sent si bon!

—Oui, mais pourquoi l'enfant Jésus n'avait-il pas préféré être dans un grand palais, couché dans un beau berceau, servi par des domestiques avec des galons dorés comme au château du roi Henri, puisqu'il pouvait choisir? Moi, si j'avais été à sa place, pas si bête, j'aurais fait comme ça.

—C'était exprès, Micot, pour nous enseigner la patience à nous autres, paysans, et pour nous montrer qu'il n'y a pas de honte à n'être pas riches puisque Dieu lui-même a choisi d'être pareil à nous. Maintenant dis vite «notre père» et au lit!

—Et les Noëls? Rien qu'un... ou deux!

—Encore? mais quand dormiras-tu alors?

—Tout de suite après.

—Ah! enfant gâté, enfant gâté! Allons, chante avec moi; je suis l'ange, toi, tu seras le pasteur.

L'ANGE

Un Dieu nous appelle,

Levez-vous, pasteur;

Courez avec zèle

Vers votre Sauveur;

Le Dieu du tonnerre

Promet désormais

La fin de la guerre,

La paix pour jamais.

LE PASTEUR ENDORMI

Lechem droumi!

    Noum biengues troubla la cerbelle,

Lechem droumi!

    Tire en daban, sec toun cami;

      N'ey pas besougn de sentinelle,

      Ni n'ey que ha de ta noubelle,

Lechem droumi![13]

Note 13: (retour)

Laisse-moi dormir!

Ne viens pas me troubler la cervelle,

Laisse-moi dormir!

Tire en avant, suis ton chemin!

Je n'ai pas besoin de sentinelle,

Ni n'ai que faire de ta nouvelle,

Laisse-moi dormir!

—Et l'autre, Maï, chante-le, toi, toute seule! Je suis fatigué, moi!

—Tu t'endors?

—Non pas, je t'écoute.

Entre le boeuf et l'âne gris,

    Dort, dort, dort, le petit Fils.

      Mille anges divins,

      Mille séraphins,

    Volent à l'entour

De ce grand Dieu d'amour.

Entre la rose et le souci,

    Dort, dort, dort le petit Fils.

    Mille anges divins,

    Mille séraphins,

    Volent à l'entour

De ce grand Dieu d'amour.

Entre les deux bras de Marie,

    Dort, dort, dort le Fruit de Vie.

    Mille anges divins,

    Mille séraphins,

    Volent à l'entour

De ce grand Dieu d'amour.

Entre deux larrons sur la croix.

    Dort, dort, dort, le Roi des Rois.

    Mille Juifs mutins,

    Cruels assassins,

    Crachent à l'entour

De ce grand Dieu d'amour.

La voix de la mère s'est faite bien douce, comme pour une berceuse; instinctivement elle balance son enfant sur son coeur. Lui, ferme les yeux, ravi. Que de fois il s'est endormi au son de cette lente mélodie qu'il aime tant! Mais il veut tout entendre, ce soir. Il soulève ses paupières alourdies et contemple le cher visage penché sur lui avec tant d'amour. La flamme rouge éclaire les traits délicats et les transfigure. Tiens, c'est curieux: le fichu noir a disparu; un voile de mousseline, léger comme une nuée d'avril, enveloppe la tête chérie; la robe n'est plus sombre et sévère, elle est de la couleur du ciel. Bientôt tout disparaît, l'enfant s'anéantit dans un sommeil délicieux, sans rêve.

—Yanoulet, mon Yanoulet, hilhot, et le Pater? «Hilhot» ne répond pas.

Tendrement, péniblement, car il pèse beaucoup, la veuve le porte dans son grand lit que tiédit un gros caillou du Gave chauffé sous la cendre; elle le borde, récite pour lui le Pater oublié, le baise sur le front avec amour. Puis, elle couvre le feu, s'enveloppe de son capulet noir, éteint la chandelle, ferme solidement la porte après elle, et s'en va dans la nuit épaisse, aux premiers sons de la cloche qui, en bas, appelle les fidèles.

II
LA TERRUCOLE

«Ici l'on a des fées
Comme ailleurs des oiseaux.»
V. Hugo.
Fuite en Sologne.
(Chansons des rues et des bois).

—Pas si vite, enfants! dit une voix, bien loin, derrière. Les gamins ne l'écoutent pas. Emmitouflés dans leurs grands cache-nez tricotés aux couleurs voyantes, le béret enfoncé jusqu'aux oreilles, les pieds dans des sabots bourrés de paille, une main dans la poche du pantalon, l'autre tenant une petite lanterne, ils grimpent lestement le long du chemin des fées qui, tout lumineux sous la clarté de la lune, semble conduire à un pays enchanté. De petites lumières vacillent tout au long, comme des feux follets: ce sont les falots des fidèles qui reviennent de la messe de minuit et regagnent le haut du coteau en passant par la Terrucole. Car c'est Noël: hades et broutches sont cachées, le bois est à tout le monde, cette nuit.

—Yanoulet, Peyroulin! crie encore la voix, de plus en plus lointaine; mais les enfants ne s'arrêtent pas.

—Dépêche-toi, dit le plus vieux, Peyroulin, le voisin de Yanoulet et son mauvais conseiller.—Si nous nous arrêtons, nous n'aurons pas le temps. C'est cette nuit, seulement, que le bois n'est pas hanté. Voyons: veux-tu, oui ou non, avoir des sous, de belles pièces d'argent, de l'or, peut être, qui sait? et cela sans travailler, sans même prendre de peine? Oui? Eh! bien, marche, suis moi! C'est un peu plus loin, à gauche. Tu viens? Prends garde aux épines. Tiens, tu vois ces chiffons? c'est là.

—Mais c'est voler que de prendre cet argent?

—Allons donc, quelle bêtise! Voler qui? Les broutches? ce serait pain bénit. Ce sont de mauvaises bêtes qui viennent du démon. D'ailleurs, ce qui est à elles est à tout le monde: elles n'ont qu'à ne pas laisser traîner ce qu'on est assez sot pour leur jeter.

—Mais si elles se réveillent, et nous attrapent?

—Cette nuit? Jamais. Elles dorment comme les serpents quand il gèle, et, lors même qu'elles se réveilleraient, elles n'ont, cette nuit, de pouvoir sur personne.

—As-tu dit à ta mère ce que tu allais faire?

—Innocent! pour qu'elle m'en empêche? Elle est bien trop peureuse; toutes les femmes sont peureuses; elle craindrait qu'il m'arrive du mal. Mais moi, je suis un homme, je n'ai peur de rien. Maman ne le saura pas, à moins que tu ne me vendes.

—Moi? Je ne suis pas un traître; je ne te vendrai pas, je te le promets.

—C'est bon, j'y compte; allons, viens!

—Mais, tu as beau dire, je crois que ce n'est pas bien.

—Je vois ce que c'est, tu as peur. Va-t-en bien vite rejoindre «Maman», elle te cachera sous sa mante. J'irai seul.

—Peyroulin, attends, écoute! Tu est donc bien sûr que ce n'est pas mal, ce que tu veux faire là?

—Mal? Puisque l'argent n'est à personne, pec[14]! Et puis, qui le saura? Je ne l'ai dit qu'à toi. Par exemple, si j'avais su que tu étais un pareil capon... Arnaud et Michel n'auraient pas demandé mieux que de m'accompagner. Seulement je t'ai préféré parce que je t'aime plus. Mais j'ai eu tort; eux, au moins, sont braves.

Note 14: (retour) Sot.

—Je suis brave, aussi, moi!

—Oui, oui, joliment! Après m'avoir promis de me suivre à la Terrucole, tu m'abandonnes au moment d'y entrer. Tiens! y aller en compagnie ou y aller seul ce n'est plus pareil. Mais je m'en moque, s'il m'arrive malheur, tant pis!

—Je ne savais pas ce que tu voulais y faire, à la Terrucole: tu ne me l'avais pas dit; je ne pouvais pas le deviner. Pour y aller, bien, sûr j'en avais envie et cela me faisait plaisir de te suivre. Mais prendre l'argent!...

—Oui, oui, fais l'honnête! Comme si tu l'étais plus que les autres! Alors je suis un voleur, moi? Merci bien! Je vois ce que c'est: tu n'es plus mon ami. Si tu l'étais, tu ne me soupçonnerais pas comme cela, tu ne m'abandonnerais pas au dernier moment.

—Mais je ne te soupçonne pas, je ne t'abandonne pas... Seulement...

—Adieu, adieu, suis ton chemin, moi le mien. Bon appétit pour le réveillon!

—Peyroulin!

—Quoi, «Peyroulin»? Que veux-tu? Laisse-moi, je n'ai pas le temps de bêtiser. Maman approche.

—Je vais avec toi.

—A la bonne heure! Voilà, enfin, un garçon courageux. Qui dirait que tu as douze ans passés: tu es toujours aussi craintif. Eh! si j'habitais la ville, comme toi, depuis un an et demi, si j'étais apprenti dans un magasin où il vient tant de monde, tu verrais comme je serais! Mais maman n'a pas voulu m'écouter. Elle m'a fait rester aux champs, tandis que toi.....

—Ah! la mienne, maman, est si bonne! Tout ce que je veux elle le fait. C'est ma pauvre défunte grand'mère de Nay, morte au printemps, qui m'avait mis cela en tête. Elle me disait: «Toi, tu n'es pas fabriqué pour être un paysan, comme ton père qui était fort et grand; tu es fin comme une demoiselle. Ça ferait deuil de te voir travailler la terre; faut que tu deviennes un Monsieur. Tu n'aimes pas assez les livres pour faire un régent ou un curé; mais dis à ta mère qu'elle te mette commis dans un magasin, à Villeneuve. Je voudrais te voir en veste et en chapeau avant de mourir». Alors, moi, j'ai cru que je serais plus heureux comme cela. J'ai tant prié Maman, tant pleuré qu'elle m'a écouté. Si j'avais su!...

—Comment, tu regrettes d'être à la ville, bien nourri, bien vêtu, bien logé, et de ne rien faire?

—Rien faire? Partout il faut travailler pour gagner son pain, va. Et puis, on s'ennuie à recommencer toujours les mêmes choses. Mais c'est moins pénible que la terre, pourtant.

—Oui, elle est plus basse pour toi que pour les autres, peut-être, la terre, fichu feignant! Dis donc, quand tu auras ton paletot et ton chapeau, tu ne sauras plus parler patois, tu ne me reconnaîtras plus, j'en suis sûr. Allons, en attendant, viens-t-en, c'est par ici. Tourne ta lumière en dedans, pour qu'on ne nous voie pas. Là, y es-tu? Gare à cette ronce et à cette branche. Té, regarde, en voilà des sous: deux, quatre, six, dix! Et toi, tu n'as rien trouvé?

—Si, un franc.

—Une pièce?

—Une pièce.

—Veinard, va!

—Yanoulet!

—Oui, Maï!

Il se précipite, mais, horreur! il se sent retenu par la blouse. Il pousse un grand cri.

—Imbécile, lui dit Peyroulin, veux-tu donc nous faire prendre? Qu'as-tu à brailler comme un âne? C'est une épine qui t'accrochait, voilà tout! Tiens, je l'ai ôtée! Mets ton argent dans la poche et hardi! courons rejoindre les autres.

—Où étais-tu, maynat[15], demanda la veuve, quand l'enfant l'eut rejointe en haut de la Terrucole, près du Calvaire, après que les voisines se furent séparées.

Note 15: (retour) Enfant.

—J'étais avec Peyroulin, dans le ravin.

—Pourquoi as-tu crié? Tu as vu quelque chose? Une bête t'a piqué? Tu es tout pâle.

—Non, une ronce avait attrapé ma blouse, j'ai cru que c'était une broutche.

—Aussi quelle idée de nous quitter et de s'en aller comme un fou à travers des broussailles, là où aucun chrétien n'ose s'aventurer.

—C'est Peyroulin qui voulait.....

—Oui, c'est toujours un autre qui veut, mais c'est tout de même toi qui fais la bêtise. Il faut savoir dire non quelquefois, vois-tu, mie[16]. Tu devais rester près de moi comme tu me l'avais promis. Mais ne nous fâchons pas, ce soir, je suis trop heureuse de t'avoir avec moi. J'étais si triste l'an passé, sans toi, si tu savais! C'est que tu es tout pour moi, vois-tu! Depuis que ta grand'mère est morte je n'ai plus personne que toi au monde puisque je suis orpheline, sans frère ni soeur, et que ton défunt père était fils unique. Je suis bien seule! Tiens, nous sommes arrivés, voici la clef, ouvre la porte. Ah! comme il fait bon chez nous, ne trouves-tu pas, mon petit? Regarde la belle souche, comme elle chauffe! Je l'ai gardée toute l'année exprès pour ce soir. Et j'allume deux chandelles pour y voir bien clair. Je t'ai fait une tourte et un pastis[17] comme je te l'avais promis. Enlève ton cache-nez, ton béret, et mettons-nous à table. Ah! ce réveillon, nous y voilà enfin! L'ai-je assez attendu, mon Dieu! Il n'y a pas sur la terre une femme plus heureuse que moi, ce soir, puisque j'ai là mon hilhot, tout à moi!

Note 16: (retour) Ami.

Note 17: (retour) Pâté.

La mère et l'enfant s'asseyent auprès de la table de chêne que recouvre une grosse serviette à liteau bleu.

—Tiens, mange-moi ça,—dit la veuve en servant à Yanoulet un grand morceau de tourte.—C'est bon. J'y ai mis dedans un des poulets de la dernière couvée, tu sais, de ceux de la poule noire. Il est tendre, n'est-ce pas?

Malgré l'aspect séduisant de la pâte dorée, l'enfant n'a pas faim. Pourtant, il l'aime bien, la tourte! Il s'était tant promis de s'en régaler! Il se faisait une si grande fête de ce réveillon, tout seul avec sa maman, dans la chambre claire et chaude, au retour de la messe de minuit, après le passage à travers la sombre et mystérieuse Terrucole! Pourquoi est-il si triste, maintenant? Pourquoi son coeur lui semble-t-il si lourd dans sa poitrine?

—Mais, qu'as tu? Tu ne manges pas! Elle n'est pas bonne, la tourte, peut être? Pas assez cuite? Je m'en doutais: quel malheur! Eh bien, laisse-la; il y a autre chose, heureusement.

—Si fait, qu'elle est bonne, mais tu m'en avais donné tant!

—Tiens, du pastis: vois comme il est léger, comme il sent bon la fleur d'orange! Tu ne me diras pas qu'il n'est pas réussi: j'y ai mis douze gros oeufs et je l'ai pétri une heure de temps, au moins. Le trouves-tu à ton goût?

—Oui, Maï, il est très bon.

L'enfant se force pour manger, mais les morceaux refusent de passer. Ah! cette pièce de vingt sous, là, dans sa poche, comme elle le gêne! Elle est bien petite, bien légère, pourtant! Comment s'en débarrasser? Où la mettre? Quand sa mère secouera son pantalon pour le plier, tout à l'heure, elle tombera. Il faudra dire d'où elle vient. Que répondra-t-il?

—Encore une tranche, allons, et bois un peu de vin pour te délier la langue, car tu n'es pas bavard ce soir. C'est du Jurançon, tu sais! Je l'ai acheté pour toi chez Puyas, lundi dernier, quand j'ai été voir ton patron pour lui demander de te laisser venir. C'est un bien brave homme, ton patron. Tu es heureux chez lui, n'est ce pas?

—Oui, Maï.

—Tu me dis la vérité, au moins. Si tu te faisais du mauvais sang, faudrait me le dire. Tes camarades sont-ils gentils pour toi? Ils ne te tourmentent pas trop?

—Non, Maï, ils sont bien aimables.

—Tu as peut-être trop de travail? Que fais-tu toute la journée?

—Des paquets, des commissions; je range les marchandises, je pèse les épices et, quand il n'y a plus rien à faire, je noue des bouts de ficelle, assis sur un grand tabouret, près du comptoir.

—Tout cela n'est pas pénible, en effet. Ainsi, tu te trouves bien? Pourtant, tu as quelque chose que tu me caches, je vois cela. Tu ne me dis pas tout, ce n'est pas joli. Pourquoi es-tu triste? Tu ne voudrais pas y retourner, à la ville? Tu veux rester à travailler avec moi aux champs? Si c'est cela, dis-le, n'aie pas vergogne, va, tout le monde peut se tromper. Je te reprendrai, voilà tout, et j'en serai même bien heureuse!

—Oh! non. Je me trouve bien là-bas.

—Alors, c'est que le temps te dure ici. Je ne suis pas gaie, c'est vrai, moi! J'aurais dû te dire d'amener un camarade. Les mères s'imaginent toujours que les enfants leur ressemblent, qu'ils sont aussi heureux avec elles qu'elles avec eux. Moi, rien que de te voir, ça me rend contente; je ne demande rien autre chose au bon Dieu.

—Le temps ne me dure pas, Maï, et je préfère être seul avec toi ce soir.

—Alors, tu es malade. Où as-tu mal?

—Non, je n'ai rien, mais je tombe de sommeil.

—Ah! c'est donc ça que tu es tout chose? Eh bien, va te coucher! Garde tes châtaignes pour demain, si tu ne peux pas les manger maintenant. Ainsi, tu ne veux pas que je te conte les histoires et que je te chante les noëls, comme quand tu étais petit?

—Je suis si fatigué!

—Que les enfants changent vite, pauvres de nous autres mères! Tu les aimais tant, les histoires, autrefois! Jamais tu n'en avais assez, jamais tu ne veillais assez tard! J'étais obligée de me fâcher pour te faire coucher. Mais on a raison de dire que l'on ne tient qu'à ce que l'on ne peut pas avoir. Viens un peu par ici, là, sur cet escabeau, près du feu, à mon côté, car tu es trop grand pour te mettre sur mes genoux, maintenant. Te souviens-tu quand je te chantais:

Entre le boeuf et l'âne gris Dort, dort, dort le petit Fils?

Le petit fils, c'était un peu mon hilhot, à moi.

Entre les deux bras de Marie Dort, dort, dort le fruit de vie.

Sans manquer de respect à la Sainte Vierge, je me sentais un peu comme elle, tenant mon doux «fruit de vie», et quand j'arrivais à la fin:

> Entre deux larrons sur la croix
>
> Dort, dort, dort le Roi des rois.

Tu dormais, toi aussi, et je te portais, pesant comme une souche, dans notre lit; je t'embrassais et tu ne te réveillais pas. Mais qu'as-tu? Pourquoi tes yeux sont-ils pleins de larmes? Que jettes-tu dans le feu?

—Une peau de châtaigne; j'ai failli m'étrangler avec. Ce n'est rien. Maï, j'ai froid, je veux aller me coucher.

—Oui, oui, tu vas y aller; mais avant, mon pouricou, dis avec moi «Notre Père», puis tu iras au dodo et je te borderai encore cette fois.

—Maman, dit l'enfant lorsqu'il fut bien au chaud dans le grand lit maternel, maman, qu'est-ce qu'un larron?

—C'est celui qui prend ce qui ne lui appartient pas; c'est un voleur.

—Mais quand ce qu'on prend n'est à personne, est-ce voler?

—Tout est toujours à quelqu'un; et puis, il n'y a pas à aller chercher des histoires, c'est bien simple: prendre ce qui n'est pas à soi, c'est voler.

—Mais si on prenait l'argent des broutches, par exemple, celui qu'elles ne ramassent pas, qu'elles laissent traîner par terre, ce ne serait pas voler?

—Quelle drôle de question? L'argent des broutches est aux broutches; c'est pour elles qu'il a été jeté; le prendre, c'est voler, bien sûr, et, de plus, c'est s'exposer à leur vengeance; c'est très imprudent. Mais, pourquoi me demandes-tu cela? Tu n'y as pas touché, j'espère, à leur argent, mon Yanoulet? Non, ce n'est pas Dieu possible? Que je suis sotte et peureuse! Pardonne-moi, hilhot! Tu es incapable de voler, toi. Mais j'ai si peur que tu fasses le mal! C'était bien une peau que tu jetais au feu, tout à l'heure, dis? Oui? je n'entends pas.

—Oui.

—Mon Dieu, je n'ose pas aller voir! Dis-moi que je suis une folle, hilhot, hilhot; que c'est très mal, de soupçonner son enfant. C'est que, vois-tu, je serais trop malheureuse. Oui, bien sûr, mon hilhot est digne de mon amour, mon fils est honnête comme son père. Mais réponds-moi donc! Lève ton visage que je voie tes yeux, tes yeux francs comme l'or, qui ne m'ont jamais menti; je te croirai. N'est-ce pas qu'ils ne voudraient pas me tromper? Tu n'as rien pris?

—Non, non.

—Ah! je le savais bien! merci, mon Dieu! Oh! vous qui nous voyez du haut de votre ciel, vous qui êtes venu au monde dans une nuit pareille à celle-ci, tout petit et tout humble, pour nous sauver nous autres, petits et humbles, ayez pitié de nous! Je ne suis qu'une faible femme, qu'une pauvre paysanne bien ignorante; aidez-moi à élever mon fils comme il faut. Par dessus toute chose, gardez son coeur pur, préservez-le du mal en dedans et en dehors; en dedans, surtout. Vous qui pardonniez au larron sur la croix, pardonnez nos péchés, et, si nous ne pouvons pas vous servir en faisant de grandes choses, comme ceux qui sont savants et riches, faites-nous la grâce de nous aider à vous servir en étant honnêtes et en faisant le peu que nous savons faire. Ainsi soit il!

III
L'EMBUSCADE

Quiconque fait le péché est esclave du péché. Jean, VIII, 34.

Rien ne bouge dans le grand magasin de réserve où les ballots amoncelés s'élèvent très haut. Tout autour, des rayons bourrés de marchandises, sandales, paquets de laine, boîtes de diverses grandeurs cachent les murs; des fouets, des rouleaux de cordes, des licous pour les mules pendent au plafond. Entre deux empilements de caisses, au fond, une grande fenêtre aux vitres dépolies donnant, à hauteur d'homme, sur une cour, laisse filtrer un jour laiteux, blafard.

—Voici le matin, dit une voix étouffée, quelque part, à gauche; dormez-vous, Georges? Il ne tardera pas s'il doit venir.

—Je ne dors pas, je n'ai pas fermé l'oeil de la nuit, répond une autre voix contenue, à droite. J'ai entendu sonner toutes les heures depuis minuit, écouté tous les bruits, et Dieu sait s'il y en a dans cette vieille baraque! Je suis moulu, j'ai les nerfs malades à crier, mon coeur bat comme un fou à chaque frémissement. C'est affreux cette veille, le regard fixé sur cette fenêtre qu'il n'y a qu'à pousser pour ouvrir.

—Oui, ce n'est pas drôle. Moi, j'ai bien dormi sur mon pilot de lainage; mais je suis courbaturé, par exemple, j'ai un cent de clous dans chaque jambe. Il n'y a pas à dire, rien ne vaut le portefeuille.

—Nous n'en avons pas pour bien longtemps, heureusement. Je n'en puis plus. Ce n'est pas que j'aie peur, non, mais je suis écoeuré: le mal, le vol, c'est hideux. Et puis, cette incertitude... Lequel, parmi ces garçons que je connais depuis des années, que je coudoie du matin au soir, est une canaille? Je les passe en revue l'un après l'autre et il me semble que tous ont des visages faux. L'idée que, d'un moment à l'autre, il va falloir sauter sur l'un d'eux, m'angoisse au delà de ce que je puis vous dire.

—Effet du matin. C'est toujours un moment pénible. Ainsi, tenez, quand on vient de s'amuser, on n'est jamais fier lorsque paraît le jour.

—C'est vrai. Est-ce le regret de ce qui finit ou la peur de ce qui commence, je ne sais pas; mais c'est triste, plus triste que le crépuscule.

—Fichtre! vous n'êtes pas drôle, vous. Les veilles vous rendent sentimental. Vous devriez mettre cela en vers. Je suis sûr que vous avez besoin de fumer. Avez-vous du tabac? J'ai oublié le mien.

—Y pensez-vous! Pour qu'on voie la lumière, du dehors? Et puis, nous n'aurions qu'à mettre le feu. Non, non, tâchons de nous remonter sans cela.

—Vous avez raison, mais c'est bien assommant: rien ne vaut une bonne *sèche* pour vous remettre d'aplomb.

—Dites-moi, François, qui pensez-vous que ce soit?

—Pour cela, mon cher, je suis aussi avancé que vous, je n'en sais rien.

—Mais comment avez-vous découvert la chose? De peur de l'ébruiter, papa ne m'en a rien dit; vous avez commencé à me raconter, hier soir, je ne sais quelle histoire de fenêtre, d'espagnolette, je n'ai rien compris et vous vous êtes endormi au beau milieu.

—J'étais éreinté. Pensez donc! j'ai rangé l'envoi de laine à moi tout seul; j'aurais ronflé sur une barrique. J'avais bien l'idée de veiller, pourtant, mais ce diable de sommeil... Eh! bien voici: Vous savez que c'est moi que le patron charge d'aérer les magasins de réserve. Depuis un mois, environ, chaque fois que j'arrivais ici, le matin, je trouvais la fenêtre ouverte: pas toute grande, non, bien poussée, au contraire, mais la barre de fer hors de son trou. Comme c'est moi qui ferme chaque soir, cela m'étonnait. Craignant de me tromper, je fis l'expérience plusieurs fois et toujours c'était la même chose: le soir je mettais bien soigneusement mon espagnolette en travers et le lendemain matin je la retrouvais toujours toute droite, je n'avais qu'à tirer. Qui diable s'amusait à passer avant moi pour m'éviter cette peine? Quelque farceur, sans doute, pour se payer ma tête. Mais Bibi, se méfiant de quelque mauvais tour, ouvrait l'oeil. Rien ne vint. Pourtant, que diable, il n'était pas possible de passer par la croisée avec les gros barreaux qui la défendent. Afin de m'en assurer, hier soir, en faisant ma tournée, je les ébranlai l'un après l'autre. Je devins bleu quand celui du milieu me resta dans la main: il était descellé en haut et limé en bas, si finement que cela ne se voyait pas du tout une fois en place. L'enlever pour passer et le remettre n'était qu'un jeu. «Cela se corse», pensai-je. Je ne fis ni une ni deux et j'allai trouver le patron à qui je contai la chose. Il ne voulut pas me croire, d'abord. Le voler, lui, qui est un père pour ses commis, qui les paye si bien, qui ne les laisse manquer de rien, ainsi que leurs familles: jamais! c'était impossible. Il était sur de tous ses employés, des petits comme des grands; pour un peu il m'aurait dit des sottises. «Venez et voyez», lui dis-je, comme dans les évangiles. «J'ai été fermer moi-même avant de monter, je ne suis ni fou ni ivre: si l'espagnolette a été touchée vous me croirez, j'espère». Nous y allâmes: elle était tournée.

—Tu as eu l'idée de le faire et tu ne l'as pas fait, ou bien c'est quelque farce.

—Et cela, est-ce une farce, aussi?

Quand il vit dans ma main le barreau scié, il devint blanc comme sa chemise et me regarda, malheur! avec des yeux qui me firent froid dans le dos. Nom d'une pipe, quels yeux!

—François, me dit-il, es-tu un homme?

—Oui, Monsieur Montbriand.

—Il faut battre le fer tandis qu'il est chaud: veux-tu veiller cette nuit avec un de mes fils pour prendre le voleur?

—Oui, Monsieur, mais lequel?

—Georges, qui est fort et résolu. Moi, hélas! je suis trop vieux, je ne servirais pas à grand chose. Et puis, cela me fait trop de peine. Vous arrangerez des ballots de lainages en guise de lit, vous prendrez de quoi vous couvrir, et un fort gourdin, chacun, pour vous défendre. Mais ne frappez qu'à la dernière extrémité. Si c'est, comme je le crains, un de mes commis qui me vole, il aura plus peur que vous, et, à vous deux, vous en aurez facilement raison.

—Des gourdins! Il est bon, le patron! Nous en ferions de la belle besogne, avec des gourdins! S'ils sont plusieurs solides gaillards, comme je le suppose, nous serions frais, avec nos gourdins! Un revolver, oui: voilà qui impose le respect et ne rate pas son homme!

Mais il n'aime pas les armes à feu, le papa! Inutile de les lui mettre, sous le nez, par exemple? J'ai pris le mien, j'en ai emprunté un pour vous, et voilà: les voleurs n'ont qu'à venir, ils trouveront à qui parler. Mais je crois bien que nous serons bredouilles, car, pour aujourd'hui...

—Chut, j'entends du bruit...

—Non, c'est un rat, en bas, dans la cave, ou une des nonnes ensevelies dans la maison qui se donne de l'air. Vous savez, ceci est bâti sur un ancien cimetière de couvent. En grattant la terre on trouverait des squelettes, paraît-il. Brr... ce n'est pas gai de penser à ces choses ainsi, au petit jour, en attendant un voleur... Voilà que, moi aussi, le trac me prend.

—Mais taisez-vous donc, bavard. Vous allez faire rater le coup. Vous avez donc bien envie de passer une autre nuit sur ces lainages?

—Ah! fichtre, non! Je céderai volontiers mon tour à un autre. Pourtant, je serais curieux de pincer mon tourneur d'espagnolette. J'ai une crampe terrible à une jambe et je n'ose pas me lever pour la faire passer.

—Patience! ce ne sera pas long. Ecoutez: mais oui, ce sont des pas!... Attention, ne bougeons plus!

Une forme indécise se dessine sur les vitres, une main pousse la fenêtre qui cède aussitôt; un enfant de quinze ans, blond, pâle, et beau comme un séraphin, apparaît. Il s'arrête un instant, debout dans la clarté, semblable à un être surnaturel; puis, résolument, il saute dans le magasin. Il va d'un pas raide, d'un pas de somnambule, tout droit vers un gros paquet enveloppé dans du papier brun, l'emporte; il va remonter, disparaître lorsque deux bras vigoureux l'arrêtent.

—Yanoulet! dit une voix étranglée par l'émotion. L'enfant pousse un cri de bête blessée, regarde autour de lui d'un air égaré, puis s'affaisse en murmurant:

—Mai!

—Il est mort, dit le commis, déposant la belle tête inanimée sur le plancher. Nous lui avons fait une trop grande peur.

—Non, son coeur bat encore. Prenez du vinaigre, à côté, dans le magasin des liquides, le baril à droite, dépêchez-vous! Là... merci! Frottez ses mains, vous, bien fort, moi, ses tempes. Oh! je n'en reviens pas; je croyais me tromper; il me semblait que je faisais un rêve affreux; j'étais si bien cloué par la stupéfaction que j'ai failli le laisser partir sans l'arrêter.

—Et moi, donc! J'aurais reçu un poids de cinq kilos sur la tête que je n'aurais pas été plus abruti. Il m'a fallu votre exemple pour me rappeler à la réalité.

—Ainsi, c'était lui, le voleur! Lui, le mignon petit, si doux, si obéissant, que sa mère nous amenait il y a quatre ans, déjà, tout tremblant, se cachant dans sa jupe! Qui donc l'aurait cru? Que dira-t-elle, la pauvre femme, si honnête, si brave! Quel coup pour elle! Comment lui annoncer la nouvelle? Je ne voudrais pas m'en charger pour tout l'or du monde!

—Oui. Pour une surprise, c'est une surprise, et pommée! Si je m'attendais à l'empoigner, celui-là! Enfin, cela va bien! Nous en verrons de belles maintenant que les agneaux deviennent des loups!

—On aurait dit que je le sentais! C'est sans doute pour cela que j'étais si triste tout à l'heure. Pourtant pas un instant je n'ai pensé à lui. Je me suis attaché à ce petit, moi! Il était un peu lent, un peu étourdi, léger même, si vous voulez, à cet âge qui ne l'est pas, mais si complaisant, si plein de bonne volonté! Sa mère, en nous le laissant, nous l'avait tant recommandé! «Je n'ai que lui au monde, disait-elle. Grondez-le bien, s'il est polisson ou paresseux, mais veillez sur lui. C'est la mauvaise compagnie qui me fait peur pour lui, surtout; il est si faible!» Elle avait bien raison, c'est cela qui l'aura perdu. Mais comment surveiller tous les employés, quand ils sont si nombreux, éparpillés dans tant d'endroits divers! C'est impossible! Ils vous échappent continuellement. Il aura été entraîné, c'est certain. Car, enfin, ce ne peut être pour son propre compte qu'il vole, cet enfant! Il n'est pas de force à méditer un coup pareil. Il doit avoir un ou des complices. Le voilà qui reprend ses sens.

Yanoulet revenait à lui, en effet. A mesure qu'il se souvenait, ses yeux, ses grands yeux bleus si doux, si semblables à ceux de sa mère, se remplissaient d'une terreur, d'une angoisse indicible. Il voulait parler pour demander grâce, mais il ne parvenait pas à articuler un son.

—Allons, te voilà remis, malheureux, dit Georges. Ne tremble pas comme cela, il ne te sera fait aucun mal. Nous allons t'enfermer dans le bureau du patron et nous te garderons sous clef jusqu'à son arrivée. Marche donc! Tu ne peux pas? Nous allons te porter, alors.

—Quelle misère! dit François, le prenant par les pieds, tandis que son compagnon le saisissait par les épaules. Si ça ne fait pas pitié! Un enfant de cet âge! Ça a du coeur pour le mal et c'est faible comme un poulet, ensuite. Mais, sapristi! quand on a le courage d'entrer dans une maison la nuit, on doit avoir celui d'en supporter les conséquences!

—Mets-toi là, dit Georges avec douceur, en le faisant asseoir sur le fauteuil du patron, dans son bureau. François, donne lui donc un verre d'eau, là, sur la petite table. Et maintenant, ne bougeons plus! Il n'y a pas d'issue, mon bonhomme! Quand j'aurai fermé la porte à clef tu seras pris, bien pris, comme une souris dans la souricière. Je vais avertir M. Montbriand que la chasse est terminée. Jolie chasse, ma foi! Partir pour prendre un sanglier et ramener un lièvre! Ah! j'en ai assez du métier de gendarme; ça me dégoûte; si jamais on m'y reprend!

—Oui, il est beau, le métier! On croit pincer un homme, on est armé jusqu'aux dents et on voit venir quoi? un bébé qui s'évanouit de peur. Pourquoi pas une fille, aussi! Ne parlez pas des revolvers, hein! Nous serions grotesques. Mais, que diable cet enfant venait-il faire ici? Pour qui volais-tu, vaurien, car tu n'es sûrement pas assez fort pour avoir comploté cela tout seul?

—Laissez-le. Il est incapable de répondre en ce moment. Il a besoin de se remettre de sa peur. Dès que les domestiques seront levées, je lui ferai préparer une tasse de café. Allons-nous en. Nous avons bien travaillé, cette nuit! J'ai le coeur soulevé de dégoût et de chagrin; le mal est encore plus vilain à voir de près que je ne le croyais. A qui se fier désormais, si des enfants pareils, à la figure d'ange, se mêlent d'être des coquins! Vous venez, François? Laissons-le à ses réflexions. C'est égal, j'aime mieux être dans ma peau que dans la sienne, pauvre petit!

Pauvre petit! en effet. Revenu de l'horrible frayeur que lui avait faite la vue de ces deux hommes armés, Yanoulet se perdait en un chaos de pensées, plus torturantes les unes que les autres. Une d'elles, surtout, revenait sans cesse à la surface comme, dans un tourbillon, un morceau de bois qui surnage: «Maï!» Que penserait-elle, quel serait son désespoir, sa honte, en apprenant que son «hilhot» était un voleur? Le mal était entré en lui, il s'en souvenait, le soir qu'il avait été voler les broutches avec Peyroulin. Qu'elles s'étaient bien vengées, les maudites! Elles l'avaient ensorcelé, lié à jamais au péché, croyait-il. Ce qui l'ensorcelait, le liait au péché, c'était son silence, son mensonge, cette faute inavouée restée entre sa mère et lui comme une barrière. S'il lui avait tout avoué, ce soir-là, quand, au retour de la messe de minuit, elle le pressait, avec tant de douceur, de lui conter sa peine, les choses eussent été bien différentes! Elle aurait eu beaucoup de chagrin tout d'abord; mais, après avoir pleuré et demandé pardon à Dieu pour son enfant, elle se serait hâtée de pardonner à son tour, la mère tendre, et de rendre le repos d'esprit au pauvre petit égaré. L'horrible obsession se serait enfuie, le laissant, repentant, purifié, libre! Il aurait pu, de nouveau, regarder la bien-aimée en face sans se dire: Ces yeux, dans lesquels elle croit lire comme dans un livre ouvert, l'ont trompée, la trompent, la tromperont encore. Il n'eût pas acquis l'habitude de dissimuler, de mentir sans cesse. Maintenant... oh! maintenant, il est trop tard pour revenir en arrière. Le pli est pris. Tout cela est de la vieille, vieille histoire. Il se sent si découragé, si dégoûté de tout! On dit qu'il a quinze ans? Ah! n'y a-t-il pas le double qu'il vit, courbé sous l'oppression du mal, misérable esclave de sa faiblesse?

Maudit soit le jour où, dans cette maison, si bonne et si hospitalière pourtant, il rencontra celui qui devait continuer l'oeuvre de perdition, achever d'éteindre sa volonté, de souiller son coeur. Il aurait dû fuir, c'est vrai; mais, comment se douter, d'abord? Il l'avait admiré comme un Dieu pour sa force tranquille, pour son courage, pour sa bonne mine, son intelligence vive et prompte, cet Antoine que tous redoutaient, auquel le patron accordait une si grande confiance? N'était-il pas dans la maison depuis dix ans déjà. Il portait Yanoulet à bras tendus sans trembler, sans qu'un muscle de son visage tressaillît. Les autres commis houspillaient le petit apprenti, se moquaient de lui parce qu'il était joli comme une fille et que le patron le traitait avec plus d'égards que les autres vu sa faiblesse, la douceur de ses manières, sa qualité d'orphelin, de fils de veuve. Ils en étaient jaloux. Lui, Antoine, le garçon de vingt ans, l'avait pris sous sa protection. «Qui touche au petit, me touche!» avait-il solennellement déclaré un soir devant les commis assemblés dans le vestiaire, au moment du départ, alors qu'ils ôtaient leurs blouses pour mettre les vêtements du dehors. Les tracasseries avaient immédiatement cessé: on ne résistait pas à Antoine. Il avait une façon de vous soulever un mioche par les deux oreilles ou de le pendre par un pied qu'on n'oubliait pas de si tôt. Avec quelle reconnaissance émue, quelle tendresse exaltée, quel zèle, l'avait-il servi, d'abord, trop heureux s'il l'honorait, en récompense, d'un de ses sourires suffisants! Tout avait été joie dans cette servitude, les premiers temps. Antoine le cajolait, le comblait de petits cadeaux, de sucreries, volées au patron, il est vrai. Il n'aurait pas dû les accepter bien sûr, mais comment répondre à tant de bonté par des remontrances? Comment faire la leçon à celui qui était tellement au-dessus de lui par sa position dans la maison, son intelligence, sa force, son courage! On ne faisait pas la leçon à Antoine pas plus qu'on ne lui résistait. Au moins, s'il avait osé confier ses tourments à sa mère et lui demander conseil! Il en avait bien eu l'intention et le désir; mais la barrière, la terrible barrière! plus il allait, plus il perdait le courage de la franchir, plus elle lui paraissait infranchissable.

Était-il un lâche, pour cela? Non. Il n'avait peur ni des réprimandes, ni des coups; la nuit, le silence ne l'effrayaient pas. Il aurait passé des heures tout seul dans les ténèbres, bravé les pires dangers sur un signe de son compagnon; mais c'est le courage moral qui lui manquait, ou plutôt la force de faire de la peine, de dire non résolument, à ceux qu'il aimait. C'était comme une déviation de sa nature très tendre, très bonne. Il eût souffert mille morts plutôt que de chagriner sa mère; pourtant il faisait tout ce qu'il fallait pour la désespérer.

Élevé par un être faible auquel il ressemblait trop, il n'avait pas appris à exercer sa volonté, à la diriger, à faire de sa tendresse un puissant mobile pour le bien, une force, un levier. Mal dirigée, elle devenait un piège. Pour ne pas peiner Peyroulin, autrefois, il l'avait suivi à la Terrucole; pour ne pas l'humilier, le fâcher, il avait pris sans envie la pièce blanche; pour ne pas le trahir, ensuite, pour ne pas chagriner sa mère, il avait caché ses remords, ses regrets cuisants. Et puis, toujours ainsi, toujours, de chute en chute.

Comme son coeur battait le soir où son nouveau tentateur lui avait dit à voix basse: «Petit, tu m'aimes bien, tu m'es dévoué, n'est-ce pas, tu as confiance en moi, tu sais que je suis ton ami? Eh bien! écoute et fais ce que je te dis. Quand François aura fermé la fenêtre du magasin de réserve donnant sur la cour, faufile-toi sans qu'on te voie et tourne l'espagnolette après lui, qu'il n'y ait plus, ensuite, qu'à pousser pour ouvrir.

—Mais pourquoi faire?

—Cela ne te regarde pas.

«Quelle idée!» avait-il pensé. A quoi bon ouvrir la fenêtre puisqu'il y a des barreaux de fer qui empêchent de pénétrer à l'intérieur? Et il avait obéi sans comprendre, certain de ne pas nuire à son patron. Mais, un soir, quelle avait été son horreur en s'apercevant que le barreau, mal remis en place, était scié! Brusquement il avait compris. Que faire? Trahir son protecteur, son ami, avertir son maître? C'était sûrement là le devoir. Mais son tyran avait lu ses indécisions sur son visage: «Qu'as-tu?» lui avait-il demandé en fronçant ses terribles sourcils. Sans cesse il le trouvait à ses trousses, lui corrompant l'âme de ses paroles insinuantes, le terrorisant de ses menaces.

—Ne t'avise pas de faire le malin ou tu auras affaire à moi, tu m'entends?—lui disait-il de cet air qui le subjuguait.—Pas de bêtises: tu n'as rien vu, tu ne sais rien, tu es innocent comme l'enfant qui vient de naître, puisque c'est sans savoir que tu t'es engagé! Mais tu es engagé, tu dois tenir ta promesse ou tu n'es qu'un lâche. Et puis, si tu me trahis, tu es aussi perdu que moi: n'es-tu pas mon complice? De plus, tu serais un ingrat. N'oublie pas mes bontés pour toi.

Ainsi, de concession en concession, il avait roulé toujours plus bas sur la pente, jusqu'à voler lui-même les marchandises que son ami lui commandait de venir chercher. Qu'en faisait-il? Il n'en savait rien; il ne voulait pas le savoir. Tous les matins, à l'aube, il se glissait dans les magasins de dépôt et prenait le paquet préparé la veille par le corrupteur qui l'attendait au dehors, le lui portait, puis n'en entendait plus parler. C'était le cauchemar de toutes ses nuits. Chaque soir, en partant. Antoine lui glissait à l'oreille: «La fenêtre?» Il répondait: «Oui». «Demain, à quatre heures».—«Oui» et c'était tout. Jamais il ne manquait à l'odieux rendez-vous. Il dormait d'un sommeil lourd, mais, à l'heure dite, il se réveillait, et, avec l'angoisse d'une obsession impossible à secouer, il se levait et marchait où la volonté inflexible de son camarade le poussait.... Et cela durait depuis trois mois.

Une espérance lui traversa le coeur. S'il allait être libre, enfin! Ah! les punitions les plus cruelles, la prison même, lui paraîtraient douces auprès de cette tyrannie implacable qui tenait sa volonté prisonnière. Ce serait le salut, la délivrance. La délivrance! Oui, mais sa mère... le coup serait terrible; comment le supporterait-elle? Non, non, il est trop tard, maintenant, le nombre de ses méfaits est trop grand, la désillusion serait trop affreuse. De quel front aborderait-il celle qui demandait avant toute chose à Dieu de préserver son fils unique du mal en dehors et surtout «en dedans». Comme elle avait raison! En dedans, oui, c'est cela qui est le plus mauvais. Comment, avec ce coeur lourd de péché, oser se présenter devant la sainte, à laquelle il a tant de fois promis d'être un honnête homme, devant cette veuve qui a mis tout son bonheur, toute sa vie en lui, et dont il a si odieusement méconnu la tendresse, trompé les espérances?

Et puis, quelle honte de paraître tout à l'heure auprès de ses camarades, de retourner chez lui, chassé comme un voleur! Une fois, il a vu un homme amené entre deux gendarmes. C'était un soldat, un déserteur, un pauvre enfant chétif et pâle qui tournait autour de lui des yeux effarés, qui baissait les épaules sous les injures des passants. Il avait un air si misérable, si abject, que cette image ne s'était plus effacée de l'esprit de Yanoulet. Jamais, non jamais, on ne le prendrait comme cela! Mieux vaudrait mille fois mourir, ou fuir, d'abord; oui, fuir... Mais comment?

La pièce dans laquelle il est enfermé est éclairée par un jour de souffrance, très haut placé, simple carreau de vitre, fixé au mur par un châssis de bois. Monter là-haut n'est rien pour un dénicheur de nids comme le petit paysan; mais, en brisant le verre, il attirera du monde dans la rue! il fait jour, maintenant; les gens commencent à circuler; il y a toujours des sergents de ville sur la place. Tant pis! Il n'a pas le choix. Un bruit de porte dans la maison l'avertit que le patron est levé et qu'il va venir. Brusquement, il se décide, grimpe comme un chat le long des rayons chargés de paperasses, brise la glace d'un coup de poing vigoureux et disparaît.

IV
LA FUITE

«Que ne puis-je tarir le flot de mes pensées!»
LECONTE DE LISLE.
Les Spectres.
(Poèmes barbares).

—Eh! bien, Jean, ce grog! Est-ce pour aujourd'hui ou pour demain? Tu as été chercher le rhum à la Jamaïque, que tu restes tant de temps en chemin? Plus vite que cela, animal! J'attends depuis dix minutes, montre en main.

—Voilà, voilà! Fallait faire chauffer l'eau, couper le citron.

—Tu raisonnes, on dirait! Il est heureux pour toi que je vienne de bien dîner et que je n'aie pas envie de bouger; sans cela tu aurais reçu le plus beau coup de pied qui ait jamais renversé... il n'est plus là! Oh! le pendard! Il me paiera cela! Je ne sais ce qu'il a, mais, depuis quelque temps, il en prend à son aise, il est moins soumis. Il va falloir que je le mate de nouveau.

Et, se levant de dessus le fauteuil à bascule où il digérait son copieux repas, Antoine, l'ancien employé de la maison Montbriand et fils, le tentateur de Yanoulet, se mit à arpenter la chambre d'un air furieux.

La pièce, vaste et carrée, était éclairée par une petite lampe au pétrole posée sur une caisse renversée, tenant lieu de table. D'énormes moustiques dansaient autour de la lumière; dans l'air étouffant leur agaçante musique semblait plus agaçante encore. Les murs, simples cloisons de bois, étaient recouverts de peaux de bêtes, de panoplies d'armes: fusils, poignards, épées, revolvers, pistolets de tous les calibres. Un lit de sangle dans un coin, entouré de sa moustiquaire de tulle blanc, deux chaises et le fauteuil à bascule formaient tout le mobilier. L'appartement s'ouvrait sur une vérandah entourée de lianes: bignonias, aristoloches, dont les fleurs éclatantes répandaient dans l'air une odeur trop forte, presqu'insupportable. A travers leur rideau tremblant, qu'une brise chaude faisait bruire et palpiter, on apercevait la nuit bleue, une nuit étoilée, splendide, claire comme un crépuscule.

Le commis infidèle, vêtu d'amples vêtements de toile blanche, était un homme d'environ trente-cinq ans, grand, vigoureux, et, malgré un embonpoint envahissant, fort beau encore, d'une beauté brutale, vulgaire.

Son teint bourgeonné d'alcoolique, sa sombre chevelure crépue, ses yeux noirs, cruels et froids, qui ne regardaient jamais en face, son expression dure et inflexible, le faisaient ressembler à un marchand d'esclaves d'autrefois.

—Jean, ici! cria-t-il avec un affreux juron. Ici, un peu vite, chien! ou je te casse la mâchoire!

Qui aurait reconnu, en l'homme décharné et pâle, aux épaules voûtées, aux yeux hagards, qui entra, l'enfant blond et charmant que sa mère berçait sur son coeur en lui chantant des Noëls, dans la paisible maison de la Terrucole, l'adolescent au doux visage qui avait été surpris comme il volait son patron? Une barbe embroussaillée, d'un ton fauve, cachait à moitié sa bouche aux contours si nobles, jadis, sur laquelle les mensonges, les mots grossiers avaient laissé leur empreinte hideuse. Elle était amère, haineuse, cette bouche; les lèvres, qui avaient désappris le sourire, s'affaissaient aux coins, comme sous la hantise d'un découragement sans fond. Des rides profondes sillonnaient son front si blanc autrefois, son front de chérubin que sa mère baisait avec amour et qu'une chevelure mal peignée, débordant en boucles folles, cachait maintenant. Deux lignes dures creusaient ses joues et vieillissaient singulièrement cette figure bronzée, belle toujours grâce à la noblesse des lignes, à la limpidité de deux yeux splendides, qui reflétaient également le mal et le bien, comme un lac pur reflète le ciel bleu ou les nuages. En ce moment ils brillaient d'un éclat extraordinaire.

—Eh bien! quoi? dit-il en s'avançant résolument.

—Quoi? baisse un peu le ton, je te prie. Depuis quand t'en vas-tu lorsque je te fais l'honneur de te parler?

—Depuis aujourd'hui; j'en ai assez, de tes manières et je suis résolu à ne plus les supporter.

—Tu es résolu à ne plus les supporter? Fort bien. Tu auras le fouet, mon bonhomme, tout comme un simple Malabar.

—Le fouet, mon gros poussah? Faudrait m'attraper, d'abord. Je suis plus leste que toi, je sais courir, je connais la brousse et je n'ai pas trop dîné, moi! Oui, oui, appelle tes Canaques, tes condamnés, tes Malabars, crie, tempête, siffle, tu verras comme ils le répondront. Tu as donc oublié qu'ils sont tous à la fête funèbre pour le vieux sacripant, de chef nègre qui vient de mourir? Le feu serait à la baraque qu'ils ne se dérangeraient pas. Ils ne rentreront qu'au jour, une fois l'orgie terminée.

—Je lancerai mes chiens après toi.

—Tes chiens! Ils obéissent mieux à ma voix qu'à la tienne: n'est-ce pas moi qui les nourris? Cesse de caresser ton revolver car le mien partirait comme par hasard et, ce n'est pas pour me vanter, mais je rate rarement mon coup.

Donc, pas de manières, plus de patron et d'employé; nous sommes seuls, personne ne peut nous entendre, expliquons-nous.

Voici plus de quinze ans que je te sers, car tu m'as pris tout petit, quand j'arrivais, bien bête et ignorant de mon village. Par tes façons hypocrites, tu m'as tout de suite empaumé. Tu m'as montré le mal, poussé vers le vol et le crime; puis, quand j'ai été aussi bas que toi, tu m'as repoussé du pied, écrasé comme une noix vide; maintenant, tu me méprises, tu me hais.

—Quelle exagération! Tu m'es indifférent. Si ça t'est égal, je m'assiérai pour écouter tes explications qui menacent d'êtres longues. Et puis, parle moins fort, tu troubles ma digestion.

—Oui, je suis moins pour toi que la boue de tes souliers.

—Tu exagères encore, tu as trop d'imagination: tu m'es très utile, tandis que la boue de mes souliers est plutôt gênante. Nul mieux que toi, ne prépare le boeuf à la mode.

—Tout ce qu'il y avait de bon en moi tu l'as détruit par tes exemples, par tes maudits conseils.

—Ce qu'il y avait de bon en lui! Oh! la la, laissez-moi rire! Sais-tu que tu es très divertissant, ce soir? Ce qu'il y avait de bon en toi? Mais tout était bon, ange, séraphin, tu étais un saint, un petit bon Dieu. Tais-toi. Tu n'as pas honte, voleur, mécréant, chenapan fieffé!

—Qui a fait de moi un voleur, un mécréant, un chenapan, si ce n'est toi?

—Ah! mais, sérieusement, tu es malade, tu as la fièvre! Faudrait soigner ça. C'est moi qui t'ai forcé à voler? Faut croire que tu avais de fières dispositions car tu n'as guère résisté.

—Pour le compte de qui ai-je volé. Est-ce pour le tien ou pour le mien?

—Pour celui des deux, imbécile! Si nous n'avions pas amassé une pacotille, comment aurions nous pu partir pour la Nouvelle-Calédonie et y fonder cet établissement qui est en train de nous mener à la fortune?

—*Nous* mener? *Toi*, oui. *Moi*, quand? Lorsque tu seras mort. En attendant je suis ton esclave pas payé, mal nourri, moins bien traité qu'un condamné, qu'un de tes Canaques, de tes nègres, ou même, de tes chiens; car, au moins, moi, tes chiens, je les aime, je les caresse.

—Tu te plains? Et les autres? Il n'y en a pas, de la misère, pour eux aussi, peut-être? La vie est dure pour tous, voyons! J'aurais voulu faire de toi mon associé; mais est-ce ma faute si tu n'as pas plus de tête qu'une linotte, tandis que tu as des dispositions remarquables pour la chasse et pour la cuisine? Nul, mieux que toi, je le répète, n'accommode une pièce de venaison, ne dépiste une vache ou un taureau sauvage, ne le traque, ne le tue proprement, sans dégâts. J'ai coutume d'employer les gens d'après leurs capacités: j'ai fait de toi, tout naturellement, mon grand veneur et mon chef cuisinier. Quant à ce que je consens à appeler «ta part», tu l'auras, sois tranquille, plus tard, quand elle sera constituée. Je me sers le premier, comme de juste, étant le plus vieux. Et puis, je suis la tête tandis que tu n'es que le bras: c'est moi qui pense, toi qui exécutes. Tu maronnes de travailler, et moi, je me tourne les pouces dans ma fabrique, peut-être? Je n'ai pas à surveiller ces coquins de noirs et les autres brutes qui me servent! Je voudrais t'y voir, comme moi, le revolver sans cesse chargé à la ceinture, faisant marcher tous ces feignants! Grâce à mon activité, à mon initiative, nos viandes conservées s'expédient et se vendent en Europe; notre commerce s'étend.....

—*Notre* commerce!

—Qu'est-ce qui te manque, nom d'un petit bonhomme! Tu m'as dit cent fois toi-même que tu aimes mieux diriger la chasse que de rester à la fabrique.

—Oh! ça, oui! Le métier est dur, on y risque sa peau mais, au moins, il est chouette! Quand, ma bonne carabine au dos, je pars, suivi des chiens qui sautent d'impatience, des nègres et des Canaques et que j'aperçois, au loin, dans la brousse, un troupeau de vaches et de taureaux, mon coeur bat. Nous cherchons à enserrer les bêtes, mais, rusées, elles s'enfuient dans la montagne. Faut les poursuivre, être plus leste, plus rusé qu'elles. Ah! lorsqu'une d'elles, se sentant perdue, se retourne brusquement, frappe du pied le sol et, tête baissée, les naseaux fumants, fond sur vous, c'est alors qu'il fait bon vivre: pan! un coup au coeur. L'animal s'abat, foudroyé, où s'en va se tortiller dans la brousse. A partir de ce moment, par exemple, c'est fini le plaisir. Je laisse Joe et les noirs l'achever, trancher avec un couteau le nerf de la nuque, le dépecer, le mettre au sel dans les barils: toute la sale cuisine, quoi! C'est l'affaire d'assassins comme ce forçat libéré ou de bouchers. Pour moi, je m'en retourne dégoûté, mort de fatigue, et je reprends ma chaîne. Mais j'en ai assez! Jamais un mot pour me payer de mes peines, jamais une parole d'amitié! Pourtant qu'ai-je fait pour que tu aies changé ainsi? Ne t'ai-je pas servi fidèlement? Je ne suis pas plus mauvais qu'un autre, pas plus que toi, toujours!

—La belle tirade! Sais-tu que tu es très éloquent, lorsque tu t'y mets! J'ai pris grand plaisir à t'écouter. Cette description de la chasse était épatante. Et maintenant le dévouement, l'amitié, c'est touchant c'est tout à fait prix Montyon. Quelle mouche t'a piqué, ce soir, voyons, que tu parles comme une fillette du Sacré-Coeur? Toi, le dur à cuire, que nos hommes ont surnommé «La Terreur de la brousse», qu'as-tu? Serait-ce parce que nous sommes aujourd'hui le 24 décembre, veille de Noël? Noël, cette vieille rengaine de la vieille Europe! Oui, l'enfant Jésus, la crèche, les mages, l'étoile, les bergers! Balançoires, tout cela! Niaiseries écoeurantes pour vieilles filles et pour curés.

Parbleu! Noël a quelque chose de bon, c'est le réveillon; mais rien ne nous empêche de transporter cette coutume à la Nouvelle. Pour ma part, je n'y ai jamais manqué jusqu'ici et, tout à l'heure, je t'autorise à me servir le reste de la pièce de boeuf et les ananas au kirsch que tu as préparés. Je te donnerai un verre d'eau-de-vie. Nous trinquerons ensemble. Tu le vois, je veux bien te traiter en ami. Nous boirons à la santé de l'ancienne, là-bas?

—Quelle ancienne? dit Jean, devenant affreusement pâle.

—Eh! l'ancienne de la Terrucole! Elle doit se demander ce que tu deviens depuis le temps. Tu ne lui as jamais écrit et voici douze ans que tu es parti. Pour un fils tendre, pour un homme sentimental qui ne peut vivre sans affection, c'est un peu fort de café, tout de même!

—Taisez-vous! Je vous défends de parler de ces choses.

—De quoi! Tu me défends! Tu te permets de défendre quelque chose, toi, et à qui, à moi? De mieux en mieux. Attends un peu, canaille, bandit, que je t'étrangle comme un vil misérable que tu es!

Antoine, ivre de colère, s'élance, mais, avant qu'il ait pu l'atteindre, son compagnon avait sauté par la fenêtre et disparu. Un coup de revolver retentit... un sifflet strident déchira l'air, les chiens aboyèrent, puis tout se tut.

Jean courait comme un cerf dans la nuit semée d'étoiles. Il laisse derrière lui la fabrique, immense hangar en planches, dans lequel se trouve le bouge infect, le chenil décoré du nom de «chambre», où, depuis des années, il couche comme un chien de garde; il passe devant la maison des condamnés qui, tous les soirs, retentit de jurons et de cris; elle est paisible en ce moment. Silencieuses, aussi, les cases en branchages des Canaques et le camp des Malabars, à droite, groupé sur le mamelon. Condamnés, Canaques, Malabars sont bien tous, comme il le pensait, à la fête orgiaque, au «Pilou-Pilou» qui a lieu dans le village voisin. On entend vaguement des cris mêlés à des chants monotones et au ronflement du tam-tam dans le lointain.

Oh! quitter tous ces bandits, ces compagnons détestés de misère et d'infamie, fuir, fuir... Il traverse les plantations d'ananas, les champs de manioc, il court comme en un refuge sur les montagnes qui s'élèvent là, tout près, imposantes et sombres, avec leurs grands arbres séculaires. Que de fois il les a escaladées pour aller rejoindre dans la brousse, derrière, les troupeaux sauvages qui y vivent en liberté! Avec leurs roches ferrugineuses d'un rouge sanglant, leurs verdures presque noires, leurs grottes, leurs précipices, où, depuis des siècles, s'entassent les ossements humains, sinistres ossuaires de ces peuplades cannibales, elles ne ressemblent guère aux douces Pyrénées, à ces montagnes de rêve, entrevues, blanches et idéales, à travers ses jeux d'enfant. Pourtant elles ont leur grandeur, leur beauté, leur charme, même. Des fleurs délicates croissent dans les profondeurs mystérieuses des grands bois; des sources fraîches sourdent dans la mousse. Mais il ne voit que leur majesté implacable, que la couleur cruelle de leurs rochers; leur silhouette hautaine, s'élevant brusquement sur la plaine morne, oppresse son coeur; elles lui cachent durement l'horizon. Derrière leurs sombres remparts ne découvrira-t-il pas la patrie, la vieille France, le Béarn si cher et si beau? Mais non. Ces montagnes une fois franchies, que de plaines, que de mers il faudrait traverser encore! Hélas! des obstacles plus insurmontables que ceux-là le séparent de celle à laquelle il s'interdit de penser. Comment jamais obtenir son pardon! Comment revenir sur tant d'offenses! C'est fini, il ne la reverra plus!

—Ah! que cette nuit de Noël, si chaude en ce pays, est énervante! Elle ne ressemble guère aux nuits froides des Noëls de France où les coeurs qui s'aiment se rapprochent, se groupent autour du foyer dans une étroite intimité, dans la douceur de la bonne nouvelle envoyée jadis à la terre....

Jean s'arrête dans une clairière, s'étend sur le sol et rêve. Les arbres, tout auprès, avec leurs lianes enlacées, le font penser à la Terrucole, aux grandes ronces qui attrapaient sa blouse autrefois. Non, non, pas de ces souvenirs! C'est défendu. Aurait-il pu vivre s'il s'était laissé aller à réfléchir? Où est le flacon qui lui sert à étouffer ces retours vers un passé trop cher encore. Malheur! Il l'a laissé là-bas, il l'a oublié dans sa hâte de fuir. Comment s'étourdir sans lui?...

Que va-t-il faire, maintenant qu'il a secoué le joug de son oppresseur? Pourra-t-il se passer de cette volonté tyrannique qui, après tout, était un soutien? Qu'entre-prendra-t-il pour gagner son pain? Bah! il ne sera pas embarrassé; il connaît plusieurs métiers; il ne sera jamais plus malheureux qu'il n'a été. Tiens! une étoile filante! Celle qui conduisait les mages devait marcher plus lentement. Bon! encore ses histoires! Il se lève. La cloche du couvent des Pères de Saint-Louis sonne dans le lointain. Oh! les cloches du pays, celles d'Angaïs, le frais village couché dans la plaine verdoyante, quel son argentin elles avaient quand leurs voix pures montaient, ainsi qu'une prière! Un essaim de souvenirs s'éveille en lui. Impressions d'enfance, toutes fraîches encore, qui dormaient, ensevelies, au fond de son coeur. Il revoit les clairs matins du dimanche où, par le chemin d'Henri IV, bordé de vieux châtaigniers, il descendait à la messe, suivi de la jolie «Maï», vêtue de son long capulet noir. Elle a l'air si fin et si doux dans son vêtement de deuil! Les voisines la saluent avec respect comme elle passe, modeste, digne, retirée en son chagrin ainsi qu'en une forteresse. L'après-midi, que c'était amusant d'aller, avec Peyroulin, regarder voler les quilles dans le «quillier» ensoleillé et bruyant où retentissaient le choc de la boule et les cris des joueurs. Ah! les radieuses journées où tout chantait en lui avec le carillon joyeux!

—Tais-toi, musique du diable, assez! Il faut chasser cela! Je m'abrutis à rester ainsi tranquille, sans pipe ni alcool,—dit-il à haute voix, en se levant vivement.—Pourquoi, ce soir, suis-je si capon? Que se passe-t-il donc en moi? Aurais-je peur? De qui? De quoi? Je ne sais. Je tremble, mon coeur bat. Marchons, marchons vite, l'exercice va faire passer: cela; je laisserai loin derrière moi, ces idées stupides. Mais ses pensées le suivent, s'attachent à ses pas comme les chiens après leur proie.

«Noël, Noël!» répètent les cloches. Les mages, les bergers, l'enfant Jésus, toute la naïve et merveilleuse histoire se retrace à sa mémoire. Il revoit la «Maï» au doux visage, il entend les chants berceurs qui l'endormaient sur son sein!

Il ralentit le pas. Quel abîme entre le petit garçon qu'il était alors et l'homme qu'il est à présent! Le mal est entré en lui en maître depuis qu'il a renoncé à le combattre; il est devenu sa proie. Son péché s'est personnifié, a pris corps, lui semble-t-il, dans Antoine, son conseiller de perdition. Mais celui-là, au moins, n'aura plus désormais de prise sur lui, il a secoué son joug à jamais. Il le hait, maintenant, autant qu'il l'a aimé, jadis.

Combien n'a-t-il pas souffert depuis que, s'enfuyant du bureau où Georges l'avait enfermé après le vol, il était tombé sanglant, affolé de terreur, aux pieds de, son complice qui l'attendait, se doutant que les choses allaient mal. Ils avaient fui, laissant bien vite derrière eux les rares passants groupés, que le bruit de sa chute avait attirés, et le sergent de ville qui les regardait d'un air hébété. Pendant huit jours ils s'étaient cachés dans une petite île du Gave dont les oseraies touffues leur offraient une sûre retraite. Ils en sortaient, la nuit, pour se procurer de la nourriture et pour regagner une chambre qu'Antoine avait louée dans une auberge reculée et louche, hantée par des contrebandiers et des Espagnols pouilleux. C'est là qu'était le dépôt des marchandises volées qui emplissaient plusieurs grandes caisses.

—Petit, tu es perdu, lui avait dit un jour le tentateur. Si l'on te pince, tu es mis en prison, condamné, flétri à jamais: un homme à la mer, quoi! Je pars pour la Nouvelle-Calédonie, où un de mes amis est déjà depuis quatre ans. Viens-tu avec moi? La pacotille que j'emporte et que tu m'as aidé à ramasser nous servira de fonds, pour commencer. Nous la vendrons là-bas et en ferons une jolie somme. Dans ce pays, pour un morceau de pain, on a de la terre en veux-tu en voilà. Le climat est si doux que les maisons, légèrement construites, ne coûtent presque rien. Nous aurons du bétail tant que nous en voudrons avec une poignée d'or; il se nourrit et se garde tout seul, paraît-il, sans fourrage ni étables. Enfin, c'est un pays de cocagne. J'ai mon idée, tu verras; nous réussirons; nous ferons une grosse fortune. Il faudra travailler dur, par exemple, mais cela ne te fait pas peur, je le sais. Dans dix ans tu peux revenir en France riche comme un Nabab! La petite histoire du père Montbriand sera oubliée; d'ailleurs, si le coeur t'en dit, tu lui restitueras l'infime capital que tu lui as emprunté, un peu de force, il est vrai. Tu retrouveras ta mère, jeune encore, et tu lui offriras une vie toute dorée et douce: cela t'aidera un peu à obtenir son pardon. Tandis que, maintenant, mauvaise affaire! Quand, une fois, on a goûté de la prison, on ne peut plus se relever, on est fichu!

Il l'avait écouté, il l'avait suivi... Oh! qui dira jamais la cruauté de cet esclavage, la perfidie de cet homme menteur! S'il avait su, grand Dieu! tout n'aurait-il pas mieux valu que cet exil auprès de ce compagnon qui l'avait déçu, trompé, qui lui avait fait connaître la déchéance, le mépris, la haine?

Enfin, il l'a quitté, et pour jamais. Où aller maintenant? Où? Mais il n'y a pour lui qu'un pays possible au monde, la France; et, dans la France, qu'un endroit, le Béarn; et, dans le Béarn, qu'un seul être, sa mère.

Oui, soudain ses hésitations, ses scrupules tombent. Il ira la trouver, la Maï abandonnée, il implorera à genoux son pardon, il se traînera à ses pieds, s'il le faut, le front dans la poussière. Il lui dira: «Dis-moi des injures, bats-moi, tue-moi si tu veux, mais pardonne-moi! Je ne puis plus, je ne veux plus vivre ainsi, loin de toi; je souffre trop. Oh! Maï! Maï!»

De nouveau il se jette sur l'herbe épaisse, des larmes abondantes tombent de ses yeux. Qu'il y a longtemps qu'il n'a pleuré! Que cela fait du bien de pleurer! Ses yeux arides, ses pauvres yeux aux paupières brûlées, habitués à voir le mal, en sont comme purifiés; son coeur desséché s'attendrit. Il pleure, il pleure longtemps, étendu sur la terre, la tête enfouie dans ses mains rudes.

Le sifflet du maître retentit de nouveau. «Va, va, murmure Jean, se relevant avec une joie délicieuse, fâche-toi tant que tu voudras, cela m'est bien égal. Que d'autres répondent à ton appel impérieux, il ne me trouble plus, il est pour moi comme le cri du hibou dans la nuit. Adieu; j'étais un condamné volontaire, je suis libéré maintenant, moi aussi; j'ai rompu ma chaîne, je suis libre, enfin, libre!

Sa résolution est prise, il se dirige vers Nouméa; un bateau part dans deux jours; il se cachera en attendant, et le prendra. Il a en poche quelque argent, peu de chose, il est vrai, mais il se souvient qu'un homme de la fabrique, envoyé à la ville pour une affaire, en est revenu en disant qu'on cherchait un cuisinier pour le paquebot, celui du bord ayant pris les fièvres.

Il connaît le métier, les concurrents sont rares, il sera peut-être engagé.

D'un pas ferme et rapide il se met en route, sans jeter un regard en arrière sur ce qui représente pour lui le passé maudit, et va devant lui, vers l'avenir, vers le rachat.

V
LE RETOUR

«Tais-toi, le ciel est sourd, la terre le dédaigne.»
(Le vent froid de la nuit),
(Poèmes Barbares).

LECONTE DE LISLE.

Le bois est solitaire. La lune, dans son plein, éclaire l'étroit sentier qui passe au milieu des hautes fougères brûlées. Les chênes noueux, rabougris, chauves de leurs feuilles, ont l'air de petits vieux transis, se chauffant à ce paie soleil de rêve. Rien ne bouge. Les lapins et les lièvres, qui, au matin, vont broutant dans la rosée, et, le jour, traversent furtivement le chemin, pelotonnés au fond des terriers, attendent l'aurore; les reinettes vertes dorment au fond des fossés. Sur la mousse, à gauche, une grande forme noire est étendue immobile.

Soudain, une brise froide se lève et fait frissonner les fougères et les rares feuilles sèches restées aux arbres; un hibou quelque part, tout près, pousse son cri lugubre. La forme noire remue, se dresse, se lève, c'est un homme. La lune éclaire en plein son visage décharné, où deux grands yeux bleus, sauvages et hagards, brillent comme des vers luisants dans les broussailles d'une chevelure fauve. Il est misérablement vêtu; sa veste d'alpaga, jadis noire, tournée au vert, est bien légère par cette nuit de fin décembre; son pantalon est déchiré dans le bas. En même temps que son gros bâton, il ramasse un chapeau de paille défoncé qu'il met sur sa tête, et s'en va d'un pas chancelant, ombre errante et pitoyable, dans la route blanche.

—Sacré froid! murmure-t-il en soufflant sur ses doigts engourdis pour les réchauffer. Quand je pense qu'à cette heure il y a des gens bien vêtus, bien au chaud dans des maisons fermées, étendus sur des fauteuils rembourrés, devant un feu brillant, digérant quelque bonne dinde truffée, tandis que je grelotte sous mes haillons, que j'ai pour lit le tapis des lapins, pour abri, le plafond des chouettes; et encore, les lapins, les, chouettes, ça a des terriers, des nids, ça mangé à sa faim! Bon sang de bon sang, cela me rend fou, je deviens enragé, féroce comme les loups, mes frères, les seuls qui soient aussi gueux que moi. Tant pis! Je ferai comme eux, et gare à qui me résistera! J'ai des dents longues, des crocs, moi aussi; je suis affamé, je veux manger, me repaître et jouir à mon tour... Assez, assez d'hésitations, Jean, mon garçon, assez de scrupules, de bêtises!

Ah! les ignobles repus! Ils me repoussent parce que j'ai faim et que mes habits en loques cachent à peine mes os! Comme c'est juste, ça! Si j'avais de belles frusques et la panse ronde, ils me feraient des risettes. Dire que personne n'a voulu de moi, personne! Qu'ai-je donc dessus qui met les gens en défiance? Verrait-on sur mon visage... Bah! des blagues!

Il n'y a pas de justice! Celui qui m'a poussé au mal vit heureux, riche, sans remords, le gredin, et moi je porte seul la peine. J'avais tout quitté; plein de bonnes idées, je venais demander pardon à ma mère et passer le restant de ma vie avec elle. J'étais décidé, oui, Dieu m'est témoin, bien décidé à devenir un bon sujet, à travailler dur pour réparer le mal que je lui ai fait. Après un voyage terrible, où je me suis crevé, privé de tout, pour ne pas arriver à elle les mains vides, je cours à la Terrucole. Malédiction! La maison est fermée, la voisine, mère de Peyroulin, morte; celui-ci parti pour les Amériques avec son père. Je m'informe: personne ne sait ce qu'est devenue ma mère. Il y a des années qu'elle a quitté le pays: Je descends dans la plaine, je fouille les environs à dix lieues à la ronde, je questionne tout le monde: personne ne l'a vue, personne ne se souvient d'elle. Désespéré, sans le sou, je reviens dans mon village, je demande du travail: tous me tournent le dos. Comment donc! le fils à la Jeannotte, qui a volé son patron à Villeneuve autrefois, pourquoi pas un galérien, alors? Ouste! à la porte, et plus vite que ça! Je veux parler, expliquer: on ne m'écoute même pas! Je vais en ville, j'essaie de me placer n'importe où, n'importe comment, cuisinier, domestique, garçon boucher, commis, manoeuvre; partout la même grimace en voyant ma tête, toujours la même question: vos papiers, vos certificats? Comme si j'en avais, moi, des papiers, des certificats! Ah! ils sont plus sauvages, ces chrétiens-là, plus féroces, plus cannibales que les cannibales, là-bas, à la Nouvelle. Au moins, ceux-là, ils vous engraissent avant de vous manger! Alors, quoi, faut voler encore pour vivre?

Pourtant, je n'étais pas méchant, moi, ni exigeant. Avec du pain tous les jours et un peu d'amitié, j'étais content. Je n'aurais fait tort à personne. Mais c'était trop pour moi, cela encore! Rien du tout, voilà quelle est ma part en ce monde. Rien, est-ce assez, je vous le demande?

L'homme s'était arrêté. Son regard fou semblait s'attacher à un interlocuteur invisible. Il avait saisi le tronc d'un jeune chêne et le secouait comme pour en obtenir une réponse. Brusquement, il le lâcha, reprit sa marche vacillante et sa sourde plainte.

J'ai tendu la main, j'ai mendié de maison en maison: on me jette un vieux morceau de pain et on me fait partir bien vite: si j'allais prendre quelque chose hein! Marche donc, va-nu-pieds, vagabond, ne t'arrête pas: il n'y a pas d'asile pour toi! Mange l'air du temps, bois la pluie du ciel, c'est assez pour toi, misérable!

Eh bien! puisqu'ils croient que je suis un voleur, je le serai; j'ai pris autrefois pour les autres, je prendrai pour mon propre compte, maintenant. J'en ai assez, de mâcher de la vache enragée, de tremper des croûtes dures dans l'eau des ruisseaux, de croquer des fruits verts ou des châtaignes crues. C'est malsain l'eau pure, c'est plein de petites bêtes, des microbes, qu'on appelle. Le monde est mal fait. Les uns ont trop de tout, jusqu'à en être malades, et moi j'ai pas de quoi ne pas mourir de faim. C'est il bien, cela? Y en a qui disent que cela ne durera pas et que, bientôt, il y aura un grand chambardement, qu'alors pauvres et riches seront tous pareils, qu'il y aura du bonheur pour tout le monde. Ah! ouatte! Quand? En attendant, faut-il claquer? Sale machine que cette terre, sale bon Dieu qui voit tout cela et reste bien tranquille dans son ciel! N'est-ce pas lui-même qui me pousse au mal? Eh bien! va pour le mal!

Voici le petit bois, là, sur la hauteur. Mais où est la maison de la vieille? Elle est calée, m'a-ton dit, la sorcière! Paraît qu'elle a un magot caché quelque part dans la baraque. Sacrée égoïste! Pourvu qu'elle aille à la messe! Je me cacherai, puis, dès qu'elle aura détalé, ni vu, ni connu, j'enlève la pie au nid. Qui donc saura que c'est moi? Je n'ai rencontré personne en traversant le village; et, dans ce bois, sauf les lapins et les grenouilles... L'affaire faite, j'achète habits, chapeau, souliers, je vais chez un perruquier et me voilà honnête homme; je trouve un emploi, je suis sauvé! C'est simple et limpide! Vaut-il mieux tourner l'oeil dans un coin pour être ensuite ramassé comme une charogne par quelque paysan ivre revenant du marché? Si je rate le coup, j'ai ici un vieux camarade qui parle peu mais bien: mon revolver. Il sera temps, alors, de lui faire dire deux mots à mon oreille.

Bon! la lune se cache: un témoin gênant de moins. Cette petite lumière, là-bas, ce doit être la maison. Allons, courage! Examinons les lieux et attendons. Si elle n'allait pas à la messe, tout de même! Bah! ces bicoques, ça ferme à peine, et les vieilles, c'est faible, ça ne se défend pas. Oui, et c'est là le chiendent, ça pleure, ça tremble... Elle est capable de passer comme un poulet. Je la bâillonnerai, d'abord, sans lui faire du mal, pour quelle ne braille pas, puis je la rassurerai, je lui expliquerai... Pour qu'elle te dénonce, après, et te fasse prendre... Sotte affaire! J'aimerais mieux attaquer des taureaux dans la brousse! Mais non, faut en finir. Allons-y! Voici la cahute. Observons...

Jean était arrivé sur le sommet de la butte couverte de chênes dépouillés, sorte de belvédère naturel d'où l'on apercevait vaguement la plaine de Bilhère perdue dans la nuit. Quelques lumières se détachaient dans les ténèbres. Derrière le bois, accotée à lui, une petite maison s'élevait, modeste et solitaire. Posée de champ sur le sentier, elle offrait aux passants son étroite façade blanche percée de deux fenêtres, son toit d'ardoises noires rabattu devant, tombant bas de chaque côté comme un capulet de veuve. Un jardinet, aux carrés de légumes bien cultivés, longeait la partie principale, donnant sur la plaine, où était la porte d'entrée. On distinguait les formes irrégulières d'un bûcher et d'un poulailler derrière la maison. Une faible lueur éclairait la fenêtre donnant sur le chemin. L'homme ouvrit sans bruit la porte du jardinet, s'approcha et regarda.

—Il y a une gosse! murmura-t il. Quelle déveine! Je ne savais pas cela! Allons, un autre poulet à ficeler!

Deux personnes, en effet, étaient assises dans l'âtre de la petite cuisine proprette: une fillette de dix ans à peu près, blonde, menue, jolie, et une femme âgée, vive encore d'allure, mais le front entouré de bandeaux entièrement blancs.

Où donc le misérable a-t-il vu ces traits réguliers, si délicats, mais si ridés qu'ils en sont effacés, comme un dessin couvert de mille fines ratures?

Elles sont charmantes à voir ainsi, l'aïeule, sans doute, et la petite-fille: la première, assise sur une chaise basse, l'autre, sur un escabeau de bois tout près, tout près. L'enfant, tournée vers la femme, les coudes appuyés sur ses genoux, une main sous son menton, lève sur elle son gentil visage confiant et présente ses pieds nus à la flamme. Les lèvres de la vieille remuent. Elle doit raconter une histoire. L'homme tend l'oreille. Non, elle chante! Oh! que ce chant est doux! Que la voix est pure et fraîche encore! Le coeur du malheureux est chaviré. Où a-t-il entendu cet air-là? Il semble monter en lui d'un passé lointain, lointain, traverser et écarter des brumes amoncelées. Brusquement le voleur tressaille des pieds à la tête, le souvenir lui revient: c'est un Noël et c'est sa mère qui le chantait jadis! Il faut qu'il l'entende de nouveau, et mieux, avec les paroles. La porte donnant sur le bûcher est ouverte. A pas muets, de son pas de traqueur de bêtes, il pénètre sans bruit dans le fond obscur de la cuisine et se glisse derrière le grand lit dont les rideaux à carreaux bleus et blancs le cachent, tout en laissant voir ce qui se passe. Les deux femmes, absorbées l'une par l'autre, ne s'aperçoivent de rien.

—Encore, Maï, dit l'enfant, encore, je te prie, ne sais-tu pas d'autres Noëls?

—Si fait, j'en connais un autre, un seul.

—Pourquoi ne me l'as-tu jamais chanté?

—Parce que cela me faisait trop de peine.

—Il est vilain, il est triste?

—Non, mais il me rappelle quelqu'un que j'aimais beaucoup et que j'ai perdu.

—Ton pauvre mari, n'est-ce pas?

—Non, pas mon mari.

—Ta défunte mère?

—Non plus.

—Qui donc, alors?

—Un enfant.

—Que tu aimais beaucoup?

—Beaucoup.

—Gentil?

—Très gentil.

—Grand comme moi?

—Plus grand.

—Blond, lui aussi?

—Bien plus blond que toi, les cheveux plus dorés.

—Mais il n'était pas ton petit enfant? Tu n'as pas eu d'autre enfant que moi, dis, Maï?

—Si, j'en ai eu un autre, un fils; celui-là, justement, auquel je chantais ce Noël.

—Pourquoi tu ne m'as jamais dit que tu avais eu un autre enfant?

—Parce que je ne pouvais pas; cela me faisait trop de peine.

—Je comprends, il est mort.

—Non, il n'est pas mort.

—Alors, où il est?

—Il est parti.

—Bien loin?

—Très loin.

—Et ce soir, cela ne t'en fait pas, de la peine, de parler de lui?

—Ce soir, au contraire, c'est drôle, je ne sais pas pourquoi, j'ai envie de chanter, de rire. Mon coeur bat: tiens, mets ta main là, sens tu comme il tape fort?

—Oui. Pourquoi ce soir et pas les autres jours?

—Je n'en sais rien, c'est comme cela. Est-ce que l'on sait pour quelle raison l'on souffre une fois plus qu'une autre? Le coeur, sans doute, a besoin de se reposer de souffrir, comme le corps, de travailler.

—Mais je ne l'ai jamais vu «à» ton fils?

—Non. Il était parti avant que je ne t'aie trouvée.

—Tu l'avais aussi trouvé à la Terrucole, dis, Maï, au pied de la croix, comme moi?

—Oh! non! C'était mon propre enfant.

—Ton propre enfant? Alors, moi, je ne suis pas ton propre enfant?

—Oui, oui, migue[18], calme-toi.

—Ce n'est pas vrai que je suis l'enfant des hades, comme on disait là-haut, quand nous étions à la maison blanche et que les maynades[19] me montraient du doigt en m'appelant «fille des hades», «filleule des broutches», «broutchine». Elles s'échappaient quand je m'approchais d'elles pour jouer. Elles étaient méchantes et je suis bien contente d'être partie.

Note 18: (retour) Amie.

Note 19: (retour) Petites filles.

—Non, ce n'est pas vrai. Tu es ma petite fille chérie.

—Et tu m'aimes autant que ton petit garçon?

—Je t'aime beaucoup. Tu es ma consolation, ma joie.

—Oui; mais tu l'aimes plus «à» lui, dis?

—Non. Seulement toi, tu es là, je t'embrasse, je puis te soigner; lui est loin; il est seul, peut-être, il n'a personne pour l'aimer; alors, tu comprends, il faut que je l'aime beaucoup pour tout ce qui lui manque.

—C'est vrai. Alors il était bien, bien gentil, ton petit garçon? Aussi gentil que moi?

—Oh! oui!

—Comment s'appelait-il?

—Jean, mais je l'appelais Yanoulet.

—Comme cela, il n'est pas mort? Il *s'est en allé?* Pauvre Yanoulet, je l'aurais bien aimé s'il était resté. Je n'aurais pas été toujours seule; nous serions descendus à l'école ensemble, comme Jacques et Marie de Lousteau. Mais pourquoi est-il parti? Il ne t'aimait donc pas lui? Moi, je ne voudrais pas te laisser, jamais.

—Si, il m'aimait bien, mais il a été entraîné par de mauvais camarades, il a fait des vilaines choses et n'a pas osé revenir me trouver. Il est parti et je ne sais pas où il est.

—Tu ne sais pas où il est? Il ne t'a rien envoyé dire, donc? Oh! pourquoi a-t-il fait cela? Moi, quand j'ai été méchante, je viens vite te le raconter pour que tu me pardonnes tout de suite. Il y a longtemps que cela est arrivé?

—Très, très longtemps; il avait quinze ans, il en aurait vingt-sept, maintenant.

—Vingt-sept ans! Comme il serait vieux! Bien, bien plus vieux que moi! Je ne pourrais pas m'amuser avec lui. Alors je ne regrette pas autant qu'il soit parti. Mais toi, Maï, ça t'a fait de la peine?

—Oh! beaucoup, beaucoup de peine! Je crois que si le Bon Dieu ne t'avait pas donnée à moi, si je ne t'avais pas trouvée, pauvrine, toute faible et mignonne, ayant tant besoin d'être soignée et aimée, je serais morte de chagrin.

—C'est pour cela que tu pleures souvent, la nuit, quand tu crois que je dors? Je t'entends bien, va, mais je ne fais semblant de rien puisque tu le caches de moi. C'est pour cela, aussi, que tes cheveux sont si blancs, si blancs qu'on dirait que tu es très, très vieille, et que tu as toujours des robes noires? Dis-moi tout de ton petit garçon, je t'en prie, Maï. Je n'en parlerai à personne et je te consolerai. Quand j'ai un chagrin, vite je cours te le raconter et tu me consoles toujours. Moi aussi je te consolerai, tu verras, veux-tu, dis?

—Oui. Ecoute. Autrefois, tu t'en souviens, nous habitions près de la Terrucole, la maison blanche qui est en haut du coteau.

—Oui, il y avait devant de gros châtaigniers.

—Cette maison, avec la terre qui l'entourait, était le bien que mon pauvre homme m'avait laissé en mourant. Je vivais là, avant ton arrivée, bien seule, cultivant le jardin, le champ, récoltant mes châtaignes, élevant quelques bêtes, mais tranquille et heureuse encore, car j'avais avec moi mon Yanoulet. C'était un si bel enfant! Je l'avais nourri de mon lait deux ans passés; tout le monde l'admirait quand je descendais au village, le dimanche, avec lui sur les bras. Son teint était rose et blanc comme celui d'un Jésus de cire, ses cheveux, blonds et bouclés, comme le petit St-Jean Baptiste de la procession. Et «connu»[20], «escarabillat»[21], gros! Tout le monde lui donnait plusieurs mois de plus que son âge; ses jambes et ses bras étaient de vraies curiosités tant ils étaient gras, fermes, pleins de trous! Je l'aimais à vendre mort âme pour lui. Il était tout pour moi. Je l'aimais trop: Dieu n'est pas content qu'on aime ainsi d'autres que lui. Tout ce qu'il voulait, mon «hilhot», je le voulais; j'étais faible. Je ne savais pas, alors, qu'on peut faire autant de mal en étant bon qu'en étant méchant, plus, même, parfois. Je sais cela, maintenant; je l'ai appris en souffrant beaucoup. Mais je croyais que d'aimer c'était tout, que, lorsqu'on aimait et qu'on ne pensait pas à soi-même, on ne pouvait mieux faire. Il faut aimer, certes, mais aimer bien, ne pas gâter ceux qu'on aime. Moi, j'ai gâté mon fils. J'étais si heureuse de lui donner ce qui m'a tant manqué, enfant, à moi, pauvre orpheline, un peu de bonheur. J'avais besoin de lui pour cultiver notre bien, mais il trouvait le travail de la terre trop pénible; il voulait être un monsieur à paletot; sa grand'mèro, qui vivait alors, lui avait mis cette idée dans la tête. Je lui ai cédé, pour notre malheur. Si je lui avais résisté, il serait encore auprès de moi, rien de ce qui est arrivé ne serait arrivé. Qui sait, pourtant? Faut croire que c'était la volonté de Dieu, car rien ne vient sans sa permission, comme dit monsieur le curé! Enfin, que veux-tu! J'ai envoyé mon Yanoulet en ville, ainsi qu'il le désirait tant, apprenti dans un grand magasin. Là il a fait de mauvaises connaissances, il a été entraîné à mal faire, il s'est perdu, puis il est parti.

Note 20: (retour) Éveillé, qui a de la connaissance.

Note 21: (retour) Dégourdi.

—C'était bien vilain de s'en aller, comme cela, sans seulement t'embrasser ni te demander pardon. S'il était venu te trouver tout de suite, tu lui aurais pardonné, n'est-ce pas, Maï, comme à moi quand je n'ai pas été sage?

—Bien sûr; mais il n'a pas osé revenir, il avait honte. Je le connais, moi, il est bien mon fils; il aurait préféré mourir plutôt que de voir mon chagrin et que d'entendre mes reproches. Mon pauvre petit! Il était si doux, si gentil, avant cela! J'en étais si orgueilleuse! C'était mal, vois-tu; les mères ne devraient jamais être orgueilleuses de leurs enfants, ça porte malheur. Il ne m'écoutait pas beaucoup, c'est vrai, mais j'étais si faible, aussi! Il m'aurait demandé la lune, je crois que j'aurais essayé de la lui donner. Toutes les veillées de Noël, quand il était petit, je le prenais sur mes genoux et je lui chantais des cantiques, comme à toi.

—Et celui que tu ne veux pas me chanter aussi?

—Surtout celui-là. Il l'aimait beaucoup. Il s'endormait toujours quand nous arrivions au dernier couplet.

—Je voudrais bien le connaître, ce Noël. Cela te ferait-il beaucoup, beaucoup de peine de me le dire? Oh! pas l'air, rien que les paroles.

—Non, non; ce soir, au contraire, ça me fera plaisir. Je vais te le chanter; une autre fois, peut-être, je ne le pourrais plus. Alors, écoute bien.

Entre le boeuf et l'âne gris

> Dort, dort, dort le petit Fils.

> Mille anges divins,

> Mille séraphins.

> Volent à l'entour

De ce grand Dieu d'amour.

Entre la rose et le souci
>   Dort, dort, dort le petit Fils.
>   Mille anges divins,
>   Mille séraphins
>   Volent à l'entour

De ce grand Dieu d'amour.

Entre les deux bras de Marie.
>   Dort, dort, dort le Fruit de Vie.
>   Mille anges divins,
>   Mille séraphins
>   Volent à l'entour

De ce grand Dieu d'amour.

Entre deux larrons sur la croix,
>   Dort, dort, dort le Roi des Rois.
>   Mille Juifs mutins,
>   Cruels, assassins,
>   Crachent à l'entour

De ce grand Dieu d'amour.

Qui m'aurait dit lorsque, endormi, j'embrassais sa tête d'anjoulin[22], que, lui aussi, serait un larron!

Note 22: (retour) Petit ange.

—Un larron! Qu'est-ce que c'est qu'un larron, Maï?

—C'est un voleur.

—Un voleur! Ah! Mon Dieu! Non, ce n'est pas possible, ton petit enfant, Yanoulet, n'était pas un voleur?

—Hélas, oui, ma fille, ce n'est que trop vrai. Je ne pouvais pas le croire d'abord, moi non plus, tu penses, mais il a bien fallu que je reconnaisse la vérité: on l'a pris emportant un paquet qui n'était pas à lui; il n'y a pas de doute possible. D'ailleurs, s'il n'était pas coupable, serait-il parti comme cela?

—Un voleur, un de ceux qu'on amène en prison, entre deux gendarmes? Oh! Maï, j'ai peur! Prends-moi sur tes genoux et serre-moi bien fort. Je ne deviendrai pas une voleuse, dis, tu m'en empêcheras? Tu ne m'as pas gâtée au moins, moi? Mais... qui est là? Il m'a semblé entendre quelque chose, comme un soupir.

—C'est une bête dans le fourrage, en haut, ou la Martine qui se remue dans l'étable. Ne crains rien, mets-toi bien contre moi, là!

—Tu n'as pas peur, toi? Oh! moi j'ai si peur!

—Pourquoi veux-tu que j'aie peur, voyons! D'abord, rien n'arrive sans la volonté du Bon Dieu. Et puis, que craindrais-je? La mort? Si je ne devais pas te laisser seule au monde, elle serait la bienvenue. Qu'on me vole? C'est mon enfant qu'on volerait, pas moi. Le peu de bien que j'ai conservé, après la vente de la maison, je le tiens toujours prêt au cas où il reviendrait. Ce que je gagne en allant travailler aux champs et en filant nous suffit amplement, à toi et à moi, avec les légumes du jardin; il nous faut si peu de chose! Mais reviendra-t-il jamais? Je commence à ne plus l'espérer.

—Comment, ce méchant qui t'a tant fait pleurer, ce voleur, tu n'es donc pas fâchée «après» lui?

—Fâchée, petite! Tu ne sais pas ce que tu dis! Une mère, vois-tu, ne peut pas rester longtemps fâchée après son enfant.

—Mais, pense donc, voler, c'est très, très laid! Moi, si j'étais toi, je ne l'aimerais plus du tout, il me semble! Pour rien au monde je ne voudrais l'embrasser, maintenant! Tiens! j'ai encore entendu le bruit!

—Non, non, c'est le vent! Il s'est levé et «burle[23]» comme à la Terrucole.

Note 23: (retour) Hurle.

—C'est vrai. Pourquoi en sommes-nous parties, de la maison de la Terrucole, eh! Maïotte? Raconte-le moi. Jamais tu n'as voulu me le dire.

—Parce que j'avais honte. Tout le monde savait que mon fils avait volé son patron et on me tournait le dos. Tu dis qu'on se moquait de toi en t'appelant «da fille des hades», moi, on m'appelait «da mère de Jean le voleur». Ah! j'ai bien pleuré, bien souffert! Monsieur le curé cherchait à me donner du coeur, le pauvre, il me disait que les fautes de mon fils n'étaient pas les miennes, ça n'y faisait rien: elles me pesaient comme si je les avais faites moi-même, plus encore. Tu ne te doutais pas de cela, toi, tu étais trop petite. Enfin, n'y tenant plus, j'ai vendu comme j'ai pu la maison et la terre, j'ai ramassé mon argent, nos affaires, nos meubles, et nous sommes venues nous cacher ici, dans cette maison écartée, sur cette colline d'où l'on voit la plaine et qui me rappelle la Terrucole. J'ai changé de nom, personne ne sait qui je suis; les gens du pays me traitent bien; ils voient que j'ai besoin de vivre, ils trouvent que le travail ne me fait pas peur et ils m'emploient.

—Mais, Maï, si ton petit garçon revenait et allait te chercher à ton ancienne maison, il ne te trouverait pas! Qu'est-ce qu'il «se» penserait? Quel chagrin il aurait, le pauvre!

—J'ai prévu cela, tu peux croire. J'ai dit où j'allais à mon amie, la seule qui me soit restée fidèle dans mon malheur, tu sais, la mère du grand Peyroulin qui demeurait aux deux cantons[24], près de chez nous. Je lui ai tout bien expliqué au cas où l'on demanderait après moi; je lui ai même remis un peu d'argent, pour le pauvre enfant, s'il en avait besoin.

Note 24: (retour) Carrefour.

—Cette fois, Maï, je suis sûre que ce n'est pas le vent; le vent est dehors et le bruit est dans la chambre. On dirait quelqu'un qui pleure.

Jean, écroulé dans la ruelle, derrière les rideaux du lit, n'arrivait plus à maîtriser ses sanglots. Que faire? Se montrer? Non. Il s'en trouvait à jamais indigne. Devant la grandeur de l'indulgence maternelle, au récit de cette vie d'abnégation et d'amour, si pure, tout entière consacrée à son souvenir, au bien, son offense lui semblait décuplée, sa propre vie lui apparaissait criminelle, hideuse, intolérable. Ah! s'en aller, s'en aller! Se terrer, n'importe où, se tuer sur le pas de la porte en baisant le seuil vénéré. Mais comment sortir sans attirer l'attention éveillée, maintenant?

—Ne t'effraie donc pas, pègue[25], continua la mère, je te garde. Je n'ai plus que toi au monde, qui donc oserait venir te prendre dans mes bras!

Note 25: (retour) Sotte.

—Alors, s'il revenait, ton petit garçon, au lieu de le gronder, de le punir, tu lui pardonnerais, tu serais contente de le revoir?

—Il a été bien assez grondé par sa conscience, assez puni par ses remords: on ne peut pas être heureux, vois-tu, quand on quitte le droit chemin, à moins d'être tout à fait canaille, et il ne l'est pas, j'en suis bien sûre. Ah! s'il revenait, s'il me disait comme autrefois: «Me voici, Maï, pardonne-moi!» Je lui crierais: «Hilhot, hilhot, viens dans mes bras!» et je crois que je mourrais de contentement. Ah! hilhot, hilhot, quand reviendras-tu! Le temps me dure, mon enfant, je me fais vieille! Chaque année, sans toi, en vaut dix des autres. Voici bien longtemps que je t'attends! Je t'attends toujours, toujours, partout! Les gens prétendent que tu es mort, mais je sais bien que ce n'est pas vrai, moi! Quelque chose me l'aurait dit! Les mères sentent ces choses-là. Je sais que tu reviendras: je l'ai tant demandé au Bon Dieu! Ah! si je pouvais deviner où tu es, comme je courrais vite! Je reprendrais mes jambes de quinze ans, je ne craindrais, ni de traverser les mers, ni de monter sur les montagnes, ni de marcher nuit et jour sans me reposer, sans manger ni boire. Je te trouverais, je t'emmènerais, heureuse et fière, plus heureuse et plus fière que le jour où j'entendis ces mots, ragaillardissant comme une liqueur forte: «C'est un fils!»

Oh! dis, où es-tu? Je te vois, tel que tu dois être, grand comme ton pauvre père, maigre, un peu courbé, le front ridé, la barbe fournie, le teint noirci, les yeux, tes beaux yeux si doux, enfoncés, inquiets. J'ai tant pensé à toi! Toujours, partout, la nuit, le jour, quand je travaille, quand je me repose, quand je mange, quand je dors, je pense à toi. Ah! reviens! Mes baisers effaceront tes rides, mes larmes laveront le mal qui est en ton coeur, viens, mon enfant, je t'attends, viens!

«Mon Dieu qui voyez ma souffrance, Dieu de bonté et de pardon, rendez-moi mon fils et je vous adorerai toute ma vie. O Tout-Puissant, pour qui rien n'est caché, pour qui rien n'est impossible, allez le chercher là où il est, amenez-le moi! Vous que je baise matin et soir sur votre croix, ô Christ qui avez été un petit enfant dans les bras de sa mère, divin martyr, qui pardonniez au larron crucifié avec vous, ayez pitié de nous! Voyez: ne sommes-nous pas crucifiés, nous aussi, loin l'un de l'autre? Je me repens comme le brigand, me repousserez-vous? C'est vrai, vous, m'aviez donné ce petit afin que je l'élève pour vous et je n'ai pas su faire, pauvre paysanne ignorante et seule que j'étais; mais donnez-le moi une seconde fois et vous verrez, rendez-le moi, que je puisse vous: l'offrir de nouveau!»

—J'ai bien entendu cette fois, c'est un sanglot! Je: t'assure, Maï, quelqu'un pleure dans la chambre. Oh! j'ai peur, j'ai peur!

Jean s'était levé, attiré par une force irrésistible.

—Calme-toi. Décroche tes bras de mon cou, tu m'étouffes. Laisse-moi me lever et tiens-toi derrière moi sans bouger, dit la veuve à l'enfant, folle de terreur, qui s'attachait convulsivement à elle. Elle était bien pâle la Maï, mais si calme, si belle, si grande ainsi, debout, dominant le danger avec le courage de l'absolu désespoir. Sa voix sonnait haut dans la chambre.—Moi aussi j'ai entendu, mais je ne crains rien. Personne ne peut me faire plus de mal que j'en ai, ni me voler ce que j'avais de plus précieux, je l'ai déjà perdu! Quant à te prendre toi, mon dernier bien, c'est une autre affaire; il faudrait passer sur mon corps, avant. Qui est là,—cria telle. Rien ne répondit.—C'est encore le vent. Voyons, rassure-toi, pauvrine. Mais non, on dirait une plainte. C'est peut-être un esprit. Les âmes des trépassés viennent parfois visiter les vivants. Ah! mon fils est mort! Si c'est ton âme échappée de ton corps qui vient me trouver, ô mon enfant, attends, attends, je vais te suivre. Oui, oui, tu es ici, je le sais, je le sens. Yanoulet, mon petit, viens! Vivant ou mort, montre-toi!

—Aïe, aïe, aïe! Maï! là, là, vois, vois, l'homme! Sainte Vierge, protégez-nous! Il vient pour nous tuer. Maï, cache moi, prends le grand couteau... il s'avance...

—Je le vois, je le reconnais, c'est bien lui! Seigneur! qu'il est changé, qu'il est maigre et pâle! Plus encore que je ne pouvais l'imaginer. Il est mort, c'est certain. Approche, âme de mon enfant, je n'ai pas peur de toi. Dieu! sa figure est chaude, des larmes, de vrais larmes coulent de ses yeux! Yanoulet, dis, est-ce que je rêve, suis-je folle ou suis-je morte moi aussi, sommes-nous tous deux dans le ciel?

—Non, non, Maï, tu ne rêves pas, tu n'es pas folle, c'est moi, c'est bien moi, c'est ton hilhot, ton hilhot vivant! Laisse-moi t'embrasser les mains et la robe, laisse-moi te toucher, te voir..

—Relève-toi.

—Laisse-moi me traîner à tes pieds et te demander pardon encore, et encore...

—Il y a bien longtemps que je t'ai pardonné.

—Mais tu ne savais pas...

—Je ne veux rien savoir. Mon fils a souffert, il se repent, il vit, il est là: voilà ce que je sais. Que me fait tout le reste?

—Ecoute, au moins, il faut que je te dise... j'étais venu...

—Tais-toi, tais-toi, au nom du Christ...

—Je t'avais tant cherchée, je te croyais morte, j'avais si faim! Dieu m'est témoin que je ne voulais pas te faire du mal! Quand j'ai reconnu ta voix, je ne sais plus ce qui s'est passé en moi. Tu as chanté... mon péché m'est monté à la gorge comme un vomissement. J'ai cru que j'allais mourir. Je voulais fuir, je ne pouvais pas. Tu as prié, alors, clairement, j'ai vu la chose: j'ai vu les croix, sur la colline, comme à la Terrucole; au milieu, celui qui souriait, avait ton visage, il me regardait... comme tu me regardes, il me disait des choses... comme tu en disais. Alors mon coeur s'est crevé dans ma poitrine. Ah! Maï, Maï, j'ai bien fauté, mais j'ai bien souffert, pourras tu, vraiment me pardonner jamais?

—Ne pas te pardonner, moi, quand il t'a pardonné, Lui! Va, c'est fait depuis longtemps, te dis-je. Lève-toi, maintenant, je le veux. Tu es le fils, tu es le maître. Ouvre l'armoire; tu trouveras là, à gauche, sous les chemises, un vieux bas plein d'écus; dès demain, tu iras les porter à ton ancien patron: c'est ton honneur que je t'ai gardé et que je te rends. Pardonné de Dieu, pardonné de ta mère, en règle avec les hommes: qui donc oserait t'insulter, désormais?— Et la mère, levant bien droite sa tête blanche, regardait autour d'elle d'un air de suprême défi. Ses yeux rencontrèrent un petit paquet noir, écroulé dans un coin, sur une chaise.

—Ma fille, ma Romaine! dit-elle, courant à elle, la relevant et découvrant un pâle visage tuméfié par les larmes, encore secoué de sanglots.

L'enfant avait regardé avec épouvante, d'abord, puis avec stupeur la scène entre la mère et le fils. «L'homme» n'était donc plus un brigand venu pour les tuer, ni un revenant. C'était Yanoulet, ce Yanoulet dont elle n'avait jamais entendu parler avant ce soir, mais dont elle sentait la présence mystérieuse dans les pensées de la veuve, depuis si longtemps. Yanoulet le voleur, il est vrai, mais le fils toujours aimé, toujours attendu, celui auprès duquel elle n'était rien qu'une pauvre orpheline élevée par pitié, par bonté. Pour la première fois elle sondait sa misère: personne au monde ne l'aimerait, elle, comme il était aimé, lui, le coupable, envers et malgré tout, d'une tendresse généreuse, magnifique, sans borne! Et elle s'était agenouillée, elle priait, cherchant instinctivement ailleurs ce qui ne serait jamais pour elle ici-bas, ce dont elle n'avait jamais senti encore en elle le torturant besoin.

—Tiens,—dit la Maï—amenant la petite fille tremblante et résistante à Yanoulet,—voici ma consolation. Je l'ai trouvée au pied du Calvaire, un matin que j'avais été prier pour toi, deux ans après ton départ. Elle est l'enfant de mes larmes; sans elle je n'aurais peut-être pas supporté mon chagrin: aime-la pour tout le bien qu'elle m'a fait.

Romaine reculait, effrayée, farouche encore. Mais un son vague montait de la plaine, son lointain, d'abord, puis plus proche, plus distinct.

Jean courut à la fenêtre et l'ouvrit toute grande. Le son s'épandit dans la chambre, grave et réconfortant comme la voix du bien, apportant avec lui des torrents de souvenirs, des flots d'espérance.

—Les cloches de Noël! s'écria l'orpheline. Et tous trois, gravement, en silence, ils se signèrent, adorant en leur âme l'enfant divin!

Décembre 1901.

LE NOURRISSON DE LA POUPIN

A. Louis

I

« Tu l'as vu; car, lorsqu'on afflige ou qu'on maltraite quelqu'un, tu regardes pour le mettre entre tes mains; le troupeau des désolés se réfugie auprès de toi; tu as aidé l'orphelin. »

PSAUME X, 14.

La plaine s'étend au loin, mollement vallonnée, étalant ses champs hérissés de chaume ou rayés de sillons bruns, ses prairies à l'herbe courte et jaunie, ses vignes où se tordent les ceps noirs. Sur la hauteur, à gauche, s'étage la ville lointaine, les Roches, station balnéaire, recherchée l'été; ses villas les plus proches se dressent, éclatantes, sous la lumière crue d'un beau jour de décembre. Un phare, mince colonne carrée rayée de rouge, une vieille église badigeonnée de blanc, servant d'amers, et ressemblant à une gigantesque cocotte de papier, un moulin dont les ailes tournent, se détachent de la masse confuse des maisons. Au vent salé qui fouette le visage, on devine la mer, en face; on aperçoit même sa ligne bleue de lin étincelante, où passent des bateaux, noirs et nets comme des ombres chinoises. Enfin, dégringolant le long de la côte, à droite, le village du Val, l'église, dont la massive tour grise s'aperçoit à travers les ramures des arbres dépouillés.

Assis sur le talus qui borde la route gelée et blanche, un garçonnet de dix ans, les pieds nus dans des sabots bourrés de paille, vêtu de vieux habits trop étroits, taille un bâton avec un couteau ébréché. Les boucles dorées de ses cheveux, s'amassent en auréole autour d'un béret bleu fané. De temps en temps, il interrompt sa besogne, lève un petit visage rond, fin et doux comme celui d'une fille, et promène autour de lui de grands yeux clairs, tristes et inquiets. A ses côtés, un chien labri, gravement étendu, deux de ses pattes réunies devant lui, surveille attentivement les allées et venues d'une couple de vaches qui broutent l'herbe rare du bord du fossé.

Rien, rien sur la longue route! Les carrioles du boulanger et du boucher sont passées depuis longtemps. L'omnibus de midi, petite boîte carrée, noire et branlante, vient de disparaître au bas de la côte. Encore un grand vapeur qui s'en va, là-bas, laissant sa traînée de fumée loin derrière lui. Mais l'enfant détourne la tête. Il ne veut plus regarder de ce côté. Cela lui fait trop de peine de les voir fuir l'un après l'autre, tous ces bateaux, petits et grands: voiliers aux ailes déployées, palpitant sous la brise, comme ivres d'espoir, transatlantiques majestueux, sûrs d'eux-mêmes, maîtres de la mer, déchirant l'air de leur sifflet joyeux et conquérant, envoyant, de leur long panache gris, comme un dernier adieu. Jamais aucun d'eux ne ralentira-t-il donc sa marche, ne s'arrêtera-t-il pas pour le prendre? Hélas! il est si petit et si faible, point à peine perceptible sur la côte! Il aura beau agiter son mouchoir, pleurer, crier, supplier... ils ne le verront même pas. Ils passeront, indifférents, ils continueront leur route vers ces merveilleux pays dont parlent les vieux marins aux veillées, les pays où le soleil, splendide ne se cache jamais derrière les nuages noirs, où les rochers sont de corail rose comme les colliers des femmes riches, où les fleurs de l'air se balancent entre les lianes flottantes, où les oiseaux, pas plus grands que des mouches, brillants comme des pierreries, volent autour de vous. Ah! s'en aller ainsi, de vague en vague, sur cette mer si aimée et si belle! Laisser derrière soi tout ce qui est laid, tout ce qui est méchant, tout ce qui est lâche, tout ce qui attriste, dégoûte et fait souffrir, voguer vers l'inconnu, vers ce qui doit être le bonheur! Non, non, il ne faut pas regarder par là; tout, ensuite, semble plus sombre, plus terne, plus vilain!

La route, à la bonne heure! Elle est si vivante, si variée! Elle lui réserve, parfois, de si charmantes surprises! Elle lui apportera peut-être, un jour, ce qu'il attend. Ce qu'il attend? Qu'est-ce donc? Eh! il n'en sait rien, ou, s'il le sait, cela lui semble trop beau pour y croire; il se l'avoue à peine à lui-même. Mais, enfin, les choses mauvaises ne peuvent durer toujours, n'est-ce pas? Tout change, en ce monde, avec le temps et la patience, il l'a observé. Les petits enfants deviennent des hommes, les jeunes gens, des vieillards. Après la tempête, le calme; après l'hiver, le printemps. Donc, fermement, il attend.

C'est l'été, surtout, que la route est amusante! On ne voit, alors, que cavaliers vêtus de flanelle blanche, que belles dames en habits bien ajustés, à chapeaux d'hommes, toutes raides sur leurs chevaux luisants, ou à bicyclette, la jupe envolée au vent, précédées ou suivies de leurs enfants, de leurs maris; automobiles bruyantes aussitôt passées qu'aperçues, portant des êtres étranges, informes, cachés derrière des masques, laissant derrière elles un tourbillon de poussière blanche et une odeur âcre: machines à perdition, inventées par le diable, disent les vieilles gens du village, et dont il faut se garer du plus loin qu'on les voit; chars-à-bancs démodés et mal suspendus, omnibus paisibles, voitures aux rideaux de toile rayée déteints, bondées de «baigneurs» aux toilettes claires, d'enfants aux joues roses qui rient en le regardant et semblent heureux. Ils ont des manières polies et aimables, ils ne crient pas en parlant, ces gens-là, malgré leur joie. Raymond aime à les observer; il suit les équipages quand ils ralentissent le pas pour monter la côte, et surprend des fragments de conversations qui le plongent dans des rêveries sans fin. Des mots lui font battre le coeur: «Voyons, mon chéri», disait une fois une voix très douce, «ne le penche donc pas ainsi, tu pourrais tomber!» Chose étrange! Le petit garçon à qui l'on témoignait cette tendre sollicitude, au lieu d'en être reconnaissant, en paraissait impatienté! Il ne se souvient pas, lui, qu'on ait jamais tremblé pour sa vie, que personne se soit inquiété de ce qu'il peut faire ou ne pas faire, qu'on lui ait jamais parlé en l'appelant «mon chéri»! Combien cela doit être bon! Il est libre et détaché, comme cette feuille sèche que le vent pousse devant lui, et captif, comme celle que l'ajonc sauvage retient dans ses piquants.

Un jour de la fin d'août, pourtant, il a cru que son rêve se réalisait, que ce quelque chose qu'il attendait était enfin venu. Une voiture de forme étrange, traînée par un âne gris et une jument poussive, avait paru au bas du chemin. C'était comme une vieille petite maison de bois qui aurait eu des roues. Raymond n'en avait jamais vu de semblable. Intrigué, il s'était mis à courir pour la contempler de plus près. Dessous, bercé dans une espèce de hamac de planches, un vieux chien jaune dormait. Les bêtes allaient sans qu'on s'occupât d'elles. Arrivée à l'entrée du village, à l'endroit où, après le temple, contre la fontaine, le gros noyer fait une ombre si épaisse, un homme qu'on ne voyait pas avait crié quelque chose, de la voiture. Aussitôt, jument et âne s'étaient arrêtés. Le chien, quittant à regret sa couche, avait été à la porte de la roulotte recevoir un garçon de douze ans, noir et maigre comme un grillon, qui s'était mis à dételer aussitôt. Après lui descendait un vieillard sec, le visage tanné, qui donnait des ordres, dans une langue étrange et dure, à quelqu'un resté à l'intérieur. Les gamins s'étaient groupés et regardaient de tous leurs yeux. Qui donc, là-dedans, répondait de cette voix chantante? D'où venaient ces grognements et ces bruits de chaînes remuées? Tiens, des ours! oui, deux gros ours bruns, en vie! L'un après l'autre, au commandement impatienté du maître, ils descendaient pesamment. Après eux, une jeune fille de dix-huit ans sautait vivement à terre. Ses cheveux, de la couleur de la châtaigne mûre, ternes et rudes comme le chaume, étaient partagés au milieu du front, et s'en allaient, en deux nattes serrées, entourer une petite oreille, pâle comme un bijou d'ivoire. Une vieille blouse de coton, d'un rouge déteint, cachait mal son buste hardi et plein; un mouchoir jaune entourait son cou long et souple; une jupe d'une nuance brunâtre indécise, tombait, trop courte, de ses hanches rondes, laissant à découvert des chevilles fines, un pied mince et nerveux.

En un clin d'oil, tandis que le vieux bonhomme, profitant de la foule curieuse amassée autour de lui, faisait danser les animaux, elle installait un trépied et une marmite, allumait le feu en chantonnant. Qu'elle était belle! Jamais Raymond n'avait vu, même parmi les grandes dames qui passent, l'été, sur la route, un visage aussi lumineux dans sa magnifique pâleur, aussi rayonnant de grâce sauvage, de jeunesse libre et heureuse! Quand il s'échappait avec les autres polissons, tout honteux de n'avoir pas le sou que le vieux réclamait pour le prix du spectacle, il lui semblait être suivi par les grands yeux sombres, et voir le rire moqueur qui retroussait sur ses dents, étincelantes comme l'écume qui borde les rochers, les jolies lèvres, rouges comme la graine de l'herbe à serpent.

Il avait vite mangé sa soupe pour retourner auprès d'elle. Etendue à l'ombre, elle dormait, sa petite main hâlée cachant à moitié son fin visage bistré.

Les ours, couchés en tas sous la voiture, sommeillaient aussi auprès du chien. Les hommes étaient dans la roulotte. Au bruit de ses pas, la jeune fille s'était réveillée. Elle avait souri en le reconnaissant et, d'un signe, l'appelait auprès d'elle.

—D'où viens-tu? osait-il demander, rassuré par la rusticité de la pauvresse.

—Très loin, *Roussie*! et elle faisait gentiment rouler l'r en retroussant ses lèvres pures.

—Où vas-tu?

—Là-bas, partout! et sa main montrait l'horizon sans bornes.

—Je veux aller avec toi, s'était-il écrié, transporté. Je ferai la cuisine pour toi, j'irai puiser l'eau, ramasser le bois; j'allumerai le feu...

—«Nous, pauvres», avait-elle répondu, redevenant très grave et secouant la tête énergiquement. «Pain pour trois», et elle montrait trois de ses doigts effilés, «pas pour quatre», et elle en levait un autre. «Nous partir, toi rester ici et travailler pour manger».

A ce moment l'homme était sorti de la maison roulante. Sur son ordre bref, en un rien de temps, les ours étaient rentrés, les bêtes, attelées, le sol, nettoyé, et la voiture disparaissait, emportant la vision radieuse....

Seule, une petite place noire, fumante, sous le noyer, prouvait à l'enfant qu'il n'avait pas rêvé. Raymond y pensait sans cesse. Reviendrait-elle jamais, la belle étrangère? Ah! s'en aller, s'en aller comme elle!

—Eh! bien, Nourrisson, cria une voix aigrelette, que fais-tu là? Tu ne vas donc pas manger la soupe?

Le petit sauta vivement sur la route.

—Ah! c'est toi, La Seiche! Tu m'as fait peur! Le patron est aux Roches et ne rentrera pas avant une heure. Faut l'attendre. Et toi, ou donc que tu vas?

—Moi? Ça ne biche guère chez nous. L'argent des vendanges a filé à acheter des chaussures pour la vieille et un pantalon pour moi. Pas une fichue croûte de pain pour faire une frottée à l'ail, aujourd'hui. Je vais voir si je trouve des chancres à la conche. Ça fera pas un réveillon ben épatant pour c'te nuit, mais, enfin, ça vaudra mieux que ren. Viens-tu avec moi? J'en avais pris un plein «bayot[26]», y a deux jours, de chancres, mais, dame, y sont finis, faut recommencer. Et cette mâtine de mer qui perd presque pas! Alle se fiche du pauv'monde! Impossib'de prend' des moules et des huîtres! Et les jambes[27]! Compte là-dessus, mon bonhomme, y en a pas, les gens s'y jettent tous après!

Avec ça, la vieille a pus de travail, rapport à son âge: alle court sur ses septante-huit ans, sans qu'il y paraisse, la pauv'! On ne la veut pus nulle part pour gringonner[28]. Alors, quoi, moi je fais des courses, je vas en ville chercher des provisions pour ceux qui veulent pas se déranger; mais, depuis que les «baigneurs» ont déguerpi, y a pus ren à faire. Tout le monde a de tout. C'est un sale métier, tout de même! Mais, attends un peu que je vienne grand!

Note 26: (retour) Panier de bois.

Note 27: (retour) Espèce de mollusque, à coquille conique, incrusté dans les rochers.

Note 28: (retour) Nettoyer.

—Qu'est-ce que tu feras?

—Tu le sais ben, je partirai mousse.

—Et ta grand'mère?

—La commune s'en chargera. Tiens, faudra ben, alors! Pauvre vieille, je pourrai pourtant pas l'amener, la mett' dans ma poche comme mon mouchoir. Viens-t'en, allons!

—Et les vaches?

—Alles ont pas besoin de toi pour les regarder boulotter, j'pense, et pis, t'as Blaireau pour les garder.

—Mais il me suivra et les bêtes s'en iront encore dans le champ du père Brodin et la Poupin me cognera, comme la dernière fois.

—Ah! ouatte! tu n'as qu'à lui lancer des pierres, à ton chien, s'il veut faire le crampon. Et pis, moi, la mère Poupin, si j'étais à ta place, ce que je la balancerais!

—Comment?

—Ben, je l'enverrais paître avec ses bêtes! Une femme laide comme une chenille et méchante comme un âne rouge!...

—Mais non, mais non, elle n'est pas tant vilaine que cela; et, des fois, elle est bonne! et puis, c'est ma nourrice, je l'aime bien, moi, je ne veux pas qu'on en médise; elle m'a gardé, tu sais!

—J'crois ben! pour te faire faire la besogne du beau Nestor, le prince héritier, au nez camard, qu'a des cheveux comme des baguettes de tambour.

—Elle me nourrit, m'habille...

—Alle ne te laisse pas tout à fait mourir de faim, faut êt' juste, et t'empêche de crever de froid grâce aux frusques râpées du dit avorton.

—Mais, je ne lui suis rien, moi, pense donc, et je coûte, à élever!

—Ah! nom d'une peau-bleue, si ça ne fait pas suer! Il ne manquerait pus que cela qu'alle te flanquât à la porte, comme un chien! Et pis, pas si bête, ne lui sers-tu pas de domestique? Et un domestique qu'alle paye même pas, qui ne peut pas la planter là si alle l'embête. Dame, c'est queuqu' chose, ça, ça vaut ben le lard rance et les patates gelées qu'alle te donne. Sais-tu ce que tu devrais faire, toi? Quand je partirai mousse, faudra t'en veni' avec moi.

—Oh! oui, je veux bien, mais quand?

—Le grand Bidard, tu sais, qu'est noir comme un' taupe et qu'a deux dents cassées devant, que, même, c'est très commode pour tenir la pipe, y connaissait mon père, y ont fait quasiment le tour du monde ensemb'. Y me prendra sur son bateau, dans deux ans. J'en aurai quatorze: faut ça, pour être assez fort. J'suis trop plat, encore, paraît, j'filerais entre les planches. C'est vrai qu' c'est pas le fricot que j'mange qui m'gonfle! Toi, t'es plus rembourré que moi, ça fera ren qu' tu sois pas si vieux. Et ce qu'on rigolera, nous deux!

—Deux ans! attendre encore deux ans! murmura Raymond en soupirant. Il fixait son regard sur le visage blême, en lame de couteau, sur les petits yeux perçants et verts de son ami, pour voir s'il disait vrai, et le suivait distraitement. Il pensait à cet avenir, si tentant mais si lointain, sur la mer attirante. Ah! pourquoi ne pouvait-il pas s'élancer tout de suite vers cet inconnu tant désiré?

Ils étaient arrivés à la plage. Grimpés sur les rochers que la mer abandonnait peu à peu, ils fouillaient les «lagottes» du bout de leurs bâtons pointus. Les crabes peureux se cachaient hâtivement sous les pierres; mais les enfants, habiles à les découvrir, tout gris entre les fentes grises, emplissaient le «bayot».

—Dis-moi, c'est-y bien dur les premiers temps qu'on est mousse? demanda Raymond.

—Pour sûr, bonnes gens, qu'on est pas couché su d'la plume et qu'on n'vous sert pas vot' chocolat tout chaud dans vot' lit, l'matin, comme ces flemmards de baigneurs qu'étaient près de cheux nous, c't été—en v'là un beau! tiens! trape-le donc, il s'en vient vers toi! Ah! le singe! le voilà ensauvé! Mazette, va!—Par exemp'e, faut pas avoir des rhumatis, ni une asiatique, faut savoir grimper aux mâts comme les chats aux arbres. Moi, ça me va.

—Et moi aussi, je suis leste.

—Et pis, y a la noyade.

—La noyade?

—Oui, ou le baptême, comme tu voudras: histoire de vous faire faire connaissance avec la mer. Les matelots vous attachent par le milieu du corps avec un bon câble et vous jettent à l'eau comme un harpon: débrouille-toi, mon petit! De temps en temps, le patron tire la corde: «La soupe est-elle trop salée?» qu'y demande. Si vous avez la frousse, y vous laisse mijoter pus longtemps. Sinon, au bout d'un quart d'heure, vingt minutes environ, y vous tire. Quand on a ainsi bu cinq ou six fois à la grande marmite, on sait nager, si on n'est pas une andouille. Le chiendent, c'est qu'y a les requins qui vous avalent comme une pistache. Lorsqu'on veut vous ramener à bord, ni vu ni connu, mon ami, y a pus ren au bout du filin; seulement, sur la mer, tout juste un peu de rouge. Mais c'est rare pourtant: y ne disparaît guère pus de vingt sur cent de ceux qui vont à l'eau. Mais, quoi? On ne fait pas d'omelette sans casser des oeufs!—Pige-moi ce gros père!—Et pis, y a les quatre-vingts qui se tirent d'affaire: on peut être de ceux-là! Le plus fichant, pour moi, c'est la peau-bleue. Ah! par exemple, j'en aurais peur.—Oh! le sacripant! il m'a échappé!

—La peau bleue! qu'est-ce que c'est que ça?

—Voilà! C'est un poisson quasiment grand comme un requin et qu'on ne voit pas parce qu'il est couleur de la mer. Paraît même qu'il est très joli; l'animal! N'empêche que j'ai pas envie de faire sa connaissance. Il aime, de préférence, la viande des mousses, qui pèse moins sur l'estomac, et, quand y voit un bateau, y le suit sournoisement. Gare à celui qui tombe dans l'eau, alors! Y passe ras de vous, vous ne le voyez pas, y vous déguste une jambe ou deusse, ou un bras, vous ne sentez ren, ça saigne même pas, tant c'est proprement fait. On vous tire: adieu mes bourgeois, impossible de danser un bal de Saintonge, vous n'êtes pus qu'un mognon!

—Oh! c'est-y vrai, cela?

—Vrai, comme j'ai mangé-du chat crevé tout cru avec son poil, un jour que j'avais l'estomac dans les talons.

—Pas possible!

—Oui, mon fi. T'as pas besoin de frissonner et de me regarder comme si j'allais t'avaler, toi aussi, comme le chat. Mais, pauv' innocent, tout cela n'est ren à côté de ce qui vous attend quand vous êtes matelot! C'est alors que ça devient chouette! Faut pas faire le délicat et tourner le museau quand le menu ne vous convient pas. Faut savoir se boucher le nez et croquer dur, ou ben se serrer le ventre. Faut avoir peur ni des coups de canon, ni des peaux-bleues, ni de la tempête, ni des sauvages, qui vous enlèvent le cuir du crâne comme moi je t'ouvre cette huître, afin de se faire des fourrures avec vot' perruque.—C'est pas la peine de prend' ces p'tits, y a ren dedans, faut les laisser deveni' gros. Toi, tu seras jamais un loup de mer, t'as pas de courage, te voilà pâle comme un Christ, déjà!

—Oh! j'ai pas peur de ça, mais... les vaches! regarde, voilà Blaireau, il les a lâchées... n'entends-tu pas qu'on m'appelle? Il me semble que c'est Nestor...

Une voix criarde arrivait jusqu'à eux malgré le bruit des vagues:

—Raymond, grand paresseux, où es-tu?

Et un enfant de dix ans parut, tout essoufflé, sur la falaise, entre les yeuses couchées par le vent du large.

—Ah! c'est le Dauphin, dit La Seiche. Attends un peu, je m'en va lui faire son affaire, pour lui apprend' à veni' nous moucharder jusqu'ici. Qu'il reste dans ses champs, le terrien! Sur la plage, je suis cheux moi!

—Je viens! cria Raymond, et il montait rapidement la côte lorsqu'un galet, adroitement lancé, atteignit Nestor au front et lui fit une petite blessure; il poussa un juron retentissant; le sang coula.

Le «nourrisson» était atterré. Certes, il n'aimait pas le méchant garnement, faux et cruel, qui le faisait punir sans cesse, l'humiliait, le traitait de mendiant, lui rappelait vingt fois par jour qu'il n'était qu'un enfant abandonné par une femme inconnue, et oublié sans doute, par elle. Ah! comme il lui faisait méchamment sentir sa supériorité de fils de la maison, d'enfant légitime, aimé, choyé, ayant du bien, une famille, un avenir assuré! Oui, Nestor n'avait que ce qu'il méritait, le lâche? Mais sa mère, mais la Poupin? Il l'aimait, elle, bien qu'il la redoutât. Lorsque tout allait à souhait et qu'ils étaient seuls, tous deux, elle lui disait, parfois, une bonne parole. Elle était l'unique être au monde, l'uni que lien auquel sa petite âme d'enfant solitaire pût se rattacher. Que penserait-elle de lui?

«Je le dirai à maman», tel était l'éternel refrain de Nestor, dès que le pauvre petit se révoltait et cherchait à secouer le joug. Et, ce qu'il disait à «maman» était toujours si odieux, si outrageusement faux, que Raymond était pris pour lui d'une aversion invincible. Oh! ne pas pouvoir seulement le convaincre de mensonge, le vilain traître! Mais on le croyait toujours, lui, le fils, et l'étranger, jamais.

—Ces sangsues-là, disait le père nourricier, ne se servent de leur langue que pour tirer le sang des veines et pour mentir.

Raymond trouva son frère de lait en train d'étancher sa coupure avec son mouchoir malpropre. Blême, les lèvres serrées, il ne dit rien, d'abord, mais ses petits yeux noirs, luisants et comme pointus dans son plat visage sans couleur, avaient un air de triomphe insupportable.

—Ce n'est pas moi... murmura le pauvre garçon.

—Non, c'est moi, p't-êt'. C'est pas toi, non pus, qu'as quitté les vaches pour t'en aller courailler avec ce vaurien de La Seiche, n'est-ce pas? Que même elles sont entrées dans le champ à Brodin, comme la semaine dernière. T'as bien gagné ta journée, ton affaire est bonne, ma fine! T'avais donc oublié que c'est la veillée de Noël, ce soir? Même que la mère a acheté queuqu' chose pour mett' dans ton sabot: ce sera pour moi, cette année encore, comme l'année dernière, mon drôle!

C'est un beau couteau, je l'ai vu dans le tiroir du buffet, ça m'ira joliment ben: juste que j'ai perdu le mien hier.

Raymond pâlit; ce couteau, il le désirait tant, et depuis si longtemps! La Poupin le lui promettait toujours «s'il était sage». Pour, le gagner, il avait travaillé avec courage tout l'été.

—Mais c'est pas moi qu'ai jeté le caillou, tu le sais bien, puisque je m'en venais vers toi et que le coup est parti d'en bas.

—J'en sais rien; j'ai vu que toi. Tu paieras pour les deux. Allons, avance! Et l'oie, ce soir, au réveillon, t'en auras pas, et moi j'en aurai jusque-là, ton morceau et le mien, pardine! Cela te fait bisquer, hein, ventre vide?

Raymond était pâle d'indignation.

—Garde le couteau et mange toute l'oie, si tu veux, dit-il, mais ne dis pas des menteries, ne dis pas que c'est moi qui t'ai lancé le caillou. Ta mère croira que je suis un mauvais coeur, ce qui n'est pas vrai.

—Et le père te caressera l'échine à coups de trique. C'est cela qui te fait peur surtout, avoue-le? Bah! une petite bastonnade rabattra un peu ton caquet, défrisera ta belle perruque, te fera maigrir, car nos monjettes te profitent que tu sois rond et plein comme un barricot.

Les enfants approchaient delà maison, longue bâtisse à un étage dont les quatre fenêtres et la porte s'ouvraient sur un jardin potager, où, entre des carreaux de légumes, se dressaient quelques tiges de soleils, brûlés par la gelée. Une plaie bande de violettes longeait le mur badigeonné de jaune pâle; un cep de vigne s'étendait en tonnelle au-dessus de la porte, servant d'abri, en été, à la cuve pour la lessive. L'étable s'ouvrait dans la cour, de l'autre côté de la maison. Les enfants entrèrent par là. Des poules, des canards mangeaient en caquetant le grain qu'on venait de leur lancer, tandis que Blaireau, paisible et la conscience tranquille, allait s'installer au chaud contre la meule de paille, près du fumier.

La Poupin venait d'arriver. La petite voiture à bras qui lui servait à porter le lait en ville n'était pas encore remisée.

—Te voilà, mauvais sujet, propre à rien, cria le maître, sortant de l'étable où il venait de ramener les vaches. C'est ainsi que tu gagnes le pain que tu manges! Tu vas voir ce qu'il t'en coûte d'aller te balader sur les conches comme un bourgeois, avec les polissons de ton espèce.

Poupin, furieux, s'approchait de l'enfant qui tremblait, lorsque des cris perçants, partis de la maison, l'arrêtèrent.

—Oh!... oh!... hurlait la nourrice, paraissant sur le seuil, la voix changée par l'indignation et la colère, oh! le sans-cœur, l'ingrat! Jamais je n'aurais cru cela de lui! Faut que je le voie de mes quittes yeux pour le croire! Tant de malice, à son âge, et contre qui? Contre notre garçon qu'a bu le même lait, qu'a mangé le même pain que lui, quasiment son frère! Il lui a fendu la tête d'un coup de pierre; le voilà marqué pour la vie!

—Le gueux! Attends un peu que je lui fasse passer l'envie de recommencer!... Et le paysan, saisissant une fourche qui traînait, allait en frapper Raymond, mais celui-ci, d'un bond, fut hors de sa portée. Il se mit à courir de toutes ses forces, suivi du bonhomme qui jurait et de Nestor qui, subitement guéri, s'élançait de son côté. Il eût été pris si, brusquement, il n'avait tourné court; en quelques enjambées il disparut derrière la maison, grimpa lestement le long du cep de vigne, entra par une fenêtre et se trouva dans le grenier à fourrage. Il se blottit dans le foin et, immobile, le cœur battant, il attendit. Par la trappe de l'étable restée ouverte, il entendait tout ce qui se disait en bas.

—Où peut-il ben être passé? s'écriait la Poupin, soudain alarmée. Pourvu qu'il n'ait pas été se jeter dans le puits! Il a la tête près du bonnet, le drôle: ces mauvaises graines-là, qui viennent d'on ne sait où, ça a souvent des idées pas comme les aut...

—Bah! y a pas de danger! il est ben trop capon pour se détruire. Et pis, après, tant mieux! bon débarras! De cette espèce-là, y a toujours assez.

—Oh! comment peux-tu dire... c'est pas chrétien cela! Faut jamais souhaiter la mort de personne, ça porte malheur. Et ensuite, pis, tu n'y penses pas, quelle affaire! Jaserait-on assez dans le village, en ferait-on des potins, bonnes gens! La gendarmerie viendrait mett' son nez partout par ici, on nous accuserait d'avoir fait disparaît' l'enfant, on nous fourrerait en prison, qui sait? Et tout de même, vrai, pauv' petit, faudrait pas. Un caillou est vite parti. Mais d'un, à son âge, en a fait autant. Y peut ben s'ennuyer, après tout, d'être pas comme les aut'.

—Pauv' p'tit, en effet, qui mange le bien du nôt', qui devient gras des morceaux qu'il lui prend, qu' a, même, voulu le tuer! T'as ben de la compassion à perdre ma fine! Garde-la pour ceux qu' en sont pus méritants. C'est un vaurien, une canaille, un criminel que j't' dis. J'en ai assez de sa tête de mouton frisé, de ses yeux qu' ont toujours l'air de vous reprocher queuq' chose. Quoi, je vous l' demande? T'as voulu le garder, v'là ta récompense; alle est jolie!

—Y travaille pourtant ben.

—Manquerait pu que ça qu'y ne fichât ren! Et nous, nous nous tournons les pouces, p'têt'?

—Si t'allais seulement un peu voir, Augustin, tout d'même...

Augustin s'en alla en grognant et, lentement, se dirigea vers le puits qui se trouvait auprès des carreaux de légumes, du côté de la maison par lequel l'enfant avait disparu.

—Tu m'as dérangé pour ren, dit-il, en revenant de mauvaise humeur. De c'te fois y n'est pas nayé; il a seulement décampé: bon voyage! S'y pouvait ne jamais reveni'!...

L'enfant écoutait, palpitant. Qu'allait répondre la Poupin? Elle ne dit rien. Ils passèrent dans la cuisine, et Raymond entendit le bruit des cuillères dans les assiettes de soupe.

Il avait faim, mais il ne songeait guère à manger. Quelque chose lui serrait la gorge à l'étouffer. Il sortit sa tête de dessous le foin, une tête très pâle, où des yeux clairs brillaient, hagards, dans l'obscurité.

Alors c'était vrai, vrai de vrai, on en avait assez de lui! Son père nourricier et Nestor le détestaient, il le savait depuis longtemps; ne lui répétaient-ils pas toujours les mêmes humiliantes paroles: qu'il leur était à charge, qu'il mangeait plus qu'il ne travaillait? Mais sa nourrice, jusqu'ici, le défendait faiblement. Aujourd'hui, elle l'abandonnait. Ce qui l'avait émue, d'abord, ce n'était pas la peur qu'il fût noyé, c'était la crainte des ennuis qui résulteraient de sa mort, le bruit, les gendarmes, les fouilles dans la maison. Débarrassée de ce souci, elle acceptait l'idée qu'il ne reviendrait pas et, tranquillement, prenait sa soupe, comme si sa vie, à lui, ne venait pas d'être arrachée!

Ah! comme il l'aimait pourtant, cette ingrate, cette cruelle qui, après l'avoir si longtemps protégé, le laissait s'éloigner sans un regret, sans un mot de rappel! Tant de liens rattachaient à elle! Il se souvenait de telle caresse qu'elle lui avait faite dans son enfance, de telle intonation plus douce de sa rude voix, qui lui avait délicieusement dilaté le coeur. Il se disait, parfois, en regardant sa figure grossière et hâlée sous la sévère quisnotte noire: «C'est vrai, pourtant, je n'ai ni père, ni mère, ni frère, ni soeur, ni oncle, ni tante, ni cousin, ni cousine, comme les autres, mais j'ai ma nounou. Ce sont ces bras qui me portaient quand j'étais trop petit pour marcher, c'est sur cette poitrine que j'étais bercé, que je m'endormais. C'est son lait qui m'a nourri. Elle pouvait me mettre dehors, m'abandonner: elle ne l'a pas fait: elle est bonne. Et il trouvait je ne sais quel charme à ce visage si dur, pourtant. Elle était pour lui, à défaut d'une autre, meilleure et plus chère, celle auquel l'être jeune a besoin de rattacher sa vie, le rameau qui porte le bouton naissant, la direction, la protection, l'abri. Et il fallait s'éloigner d'elle!... S'il avait pu la voir, se levant hâtivement pour cacher son assiette presque pleine, et essuyant une larme du revers de sa rude main...

Oui, il fallait partir puisqu'elle avait assez de lui. Quelque chose de plus fort que toutes les raisons le décidait brusquement. Mais où irait-il? La bohémienne l'avait repoussé, il était trop jeune pour être mousse, trop faible pour se placer comme domestique. Partout, hélas! encore, il mangerait plus qu'il ne travaillerait; partout il serait un fardeau. Qui donc l'aimait dans ce monde si grand, lui, si petit! Blaireau, peut-être, et encore... Justement un froissement dans le foin lui apprit que le chien le cherchait. Il s'approcha, bondit vers lui, la queue frétillante, la langue pendante de plaisir. Il le regardait de ses bons yeux d'or, phosphorescents dans l'obscurité. Il allait japper, comme pour lui demander ce qu'il faisait là, à jouer, tout seul, sans avertir les camarades, au lieu d'aller à la soupe comme les autres. Mais l'enfant lui dit à voix basse: «Tais-toi, Blaireau, on veut me batt', tu me ferais prend'!» Le chien se tut, et, comprenant que son ami avait du chagrin, se mit à lécher sa main tendrement. Raymond entoura de ses bras le corps frémissant de la bonne bête, y appuya sa tête brûlante et éclata en sanglots.

Ah! où aller, où aller? L'instituteur, qui l'aimait tant autrefois, quand il était son élève docile et appliqué, ne lui rendait plus son salut, depuis le jour où Nestor avait faussement accusé son frère de lait d'avoir mangé les belles pêches, gardées avec tant de soin dans l'espalier du jardin de l'école.

—Qui a fait le coup? avait demandé le maître, de sa grosse voix qui imposait le respect à la bande indisciplinée.

—Ce doit être le nourrisson de la Poupin, avait dit quelqu'un.

—C'est lui, affirma Nestor. Je l'ai vu, il était avec «La Seiche».

Ce nom de «La Seiche», larron fieffé, que Raymond avait le tort d'avoir pour ami, avait décidé l'opinion contre lui. Et puis, d'après la logique humaine, si injuste souvent, le menteur et le voleur devait être le petit pauvre, élevé par charité, envieux, par conséquent, et non pas un de ces enfants heureux et choyés. Raymond avait eu beau protester, on ne l'avait même pas écouté. Le maître avait ajouté tristement:

—Je n'aurais jamais cru cela de toi, mon enfant—et n'en avait plus, reparlé. Mais le pauvre garçon gardait au coeur un chagrin autrement cuisant que s'il avait été puni.

Une rancune lui était restée de se voir injustement accusé sans qu'il lui fût seulement permis de se défendre. Il en voulait à ses camarades, à ces heureux gaillards qui, tous, avaient une maison, une maman, un nom, qui n'étaient le «nourrisson» de personne.

D'ailleurs, bientôt, à son grand regret, il n'allait plus à l'école dont il aimait la vaste classe aérée, claire, ornée de gravures pour les leçons de choses, et de grandes cartes de géographie où il cherchait les magiques noms des mers lointaines qu'il parcourrait un jour. Il n'avait plus la fierté, lorsqu'il avait bien travaillé, d'accompagner le maître dans la salle de la mairie, sorte de cuisine carrelée, dont les murs blanchis à la chaux étaient cachés par les casiers en planches des registres; où, sur la vaste cheminée, trônait un buste en plâtre de la République au-dessous d'un portrait de Monsieur Carnot.

Alors, de plus en plus, il s'était lié avec Jules Nourrit, surnommé «La Seiche» à cause de sa maigreur extrême, un vaurien sûrement, mais un malheureux comme lui. Il était bon, au moins, celui-là. Il ne l'appelait pas de noms infamants. Resté seul d'une famille de pêcheurs avec sa vieille grand'mère qu'il adorait, il avait, lui aussi, quitté de bonne heure l'école pour gagner son pain. Il travaillait lorsqu'il trouvait de l'ouvrage, faisant tous les métiers, péchant, et même «chopant», comme il disait, de ci, de là, quand il n'y avait rien au logis. Plusieurs fois il avait entraîné Raymond à mal faire. Ensemble n'avaient-ils pas volé la dinde de Monsieur le curé, une belle bête, ma foi, fine et bien en chair; que la vieille Angèle engraissait avec amour pour le réveillon, l'année dernière! Depuis lors, le prêtre, si bon jusque-là, lui gardait rancune.

—Ce nourrisson de la Poupin, avec sa ligure de chérubin, m'a bien trompé, disait-il en secouant sa tête grisonnante. Il tournera mal. Bon chien chasse de race, mauvais chien vole d'instinct.

Certes, le pauvre petit n'avait pas mangé un seul morceau de la bonne dinde, mais la grand'mère s'en était régalée huit jours durant; et, comme disait son ami:—«Autant valait qu'elle fût dans sa vieille carcasse que dans la grosse panse à Monsieur le curé.» Raymond trouvait ce raisonnement très juste et n'avait aucun remords de sa mauvaise action.

II

Depuis longtemps déjà le bruit avait cessé en bas. Le paysan et sa femme s'en étaient allés chacun à ses occupations, Nestor s'était échappé pour rejoindre ses amis, Blaireau avait disparu. Raymond se réveilla, frotta ses yeux, et se demanda pourquoi il était là, dans le grenier, blotti dans le foin. Tout-à-coup, il se souvint. Il avait tant, tant pleuré, qu'il s'était endormi de fatigue, sans doute. Quelle heure pouvait-il être? Le soleil descendait à l'horizon. L'enfant se pencha sur la trappe, ne vit personne, n'entendit rien. S'il voulait partir sans être vu, c'était le moment. Bientôt la Poupin reviendrait pour préparer le repas du soir. Il descendit par l'échelle qui faisait communiquer le grenier avec l'étable. Les vaches sommeillaient en ruminant; La Roussotte, sa favorite, entr'ouvrit un oeil indifférent comme il passait, et reprit son rêve de bête repue. La cour était vide. L'enfant se glissa furtivement et gagna la porte. Où allait-il? Il n'en savait rien: «là-bas», ainsi que le disait la bohémienne, «partout», excepté où l'on ne voulait plus de lui. Il attachait ses yeux sur le paysage, confident de ses rêveries enfantines, sur les champs déserts, la ville lointaine, la mer aimée et ingrate qui le repoussait, la route décevante qui ne lui avait pas apporté ce qu'elle lui avait promis, sur toutes ces choses familières qu'il voyait pour la dernière fois et qui lui paraissaient, à cause de cela, changées, plus belles, plus attendrissantes, se sentant tout autre lui-même.

Il disait adieu au joli village gai dont la grand'rue tortueuse sépare les maisons très blanches, adieu au vieux noyer sous lequel la vision radieuse lui était apparue, adieu à la fontaine et à sa grille déjetée, si commode pour «faire à la souplesse» avec La Seiche et les autres gamins, ses camarades. Adieu à Pitard, le gros boucher, brave homme qui rit toujours et qui, une fois, l'a pris un bout de chemin dans sa carriole.—Il finit de dételer son cheval dans la cour, près de la maison aux marches branlantes, autour de laquelle croissent de maigres balsamines et de poussiéreux ricins, l'été.—Adieu à la boulangère, Alida, qui a de si beaux cheveux noirs luisants, et qui, souvent, le lundi, lui donnait un petit pain non vendu la veille. Adieu à l'école, à la classe, fraîche l'été, chaude l'hiver, grâce au poêle ronflant, où il a passé les meilleurs moments de sa vie à écouter le maître si aimé et si injuste, hélas! Il voudrait bien l'apercevoir une dernière fois. Mais les contrevents verts, les portes, tout est fermé hermétiquement, comme le cour de celui qui l'habite. La nuit vient. La lampe à pétrole s'allume chez la mère Rabaudin, l'épicière. Oh! oh! les belles choses qu'elle a mises à sa devanture débarrassée des mouches mortes, des pantoufles de lisière et des vieux bonbons! L'image réclame de la jolie femme collée contre la vitre, semble en rire d'aise. Les attrayants jouets! Les alléchantes sucreries roses et blanches! Tiens, c'est vrai, c'est Noël, demain! Ce soir, bien des mamans heureuses rempliront les sabots de leurs heureux enfants... Vite, passons. Voici la cure. La porte est entrebâillée: on aperçoit le grenadier, si beau quand il a ses fleurs rouges ou ses lourds fruits couleur de soleil couchant. «Si la vieille Angèle me voit, elle m'arrêtera, sûrement, pour me dire de ne pas manquer la messe de minuit», pense-t-il. «Où serai-je à minuit?... Que cette rue est longue! Allons, plus vite! Le «Café du Centre» est brillamment éclairé, ce soir comme les jours de fête: c'est bien, en effet, une fête pour tous, sauf pour moi!»

Enfin, voici la place, auprès de l'église. Là, Raymond est un peu chez lui. Que de fois il a joué à saute mouton sur l'aire banale où l'on dérange les poules en quête de grain perdu, où, dans l'épaisse couche de balle, on ne se fait pas mal si l'on tombe! Plus loin, sur l'herbe jaunie et maigre, des ronds de diverses grandeurs marquent la place des chevaux tournants venus à la foire qui a lieu en octobre, quand les «baigneurs» sont partis et que les bourses sont pleines encore. En venait-il, du monde, de tous les côtés, bonnes gens, pour manger les saucisses renommées avec les huîtres fraîches, et boire le vin nouveau, pétillant et sucré! La route, les chemins, en étaient tout noirs et grouillants. Les voitures, qui montaient et descendaient, bourrées de citadins endimanchés, se hélaient au passage. C'était un bon moment dans l'année, celui-là. Quand la vendange avait été satisfaisante, la Poupin donnait quelques sous à son nourrisson pour acheter des sucres-d'orge ou des craquelins de Saujon, ou tout autre chose «pas chère» ou, encore, pour monter aux chevaux de bois. Il hésitait longtemps, dans une angoisse délicieuse, partagé entre son plaisir, sa gourmandise et ses autres convoitises. Il tournait autour de la boutique à dix centimes se demandant avec un battement de coeur ce qu'il choisirait des bagues en métal blanc, des épingles de cravate ornées de pierreries rouges ou vertes, des miroirs ronds... Il contemplait Nestor et ses autres camarades tirant à la carabine ou au «massacre». Comme ils riaient quand la mariée ou le curé étaient touchés et se renversaient en arrière dans une posture inconvenante! Lui se sentait gêné. Il aimait mieux regarder les manèges. Son frère de lait, affalé sur, un cochon bien frais, à la queue en trompette enrubannée, ses bras maigres enserrant nerveusement le groin rose, passait et repassait devant lui. Son visage apeuré, blême, conservait néanmoins cette expression de triomphante arrogance qui le rendait si haïssable. Enfin, après bien des hésitations, Raymond finissait par grimper sur un énorme lion à la gueule ouverte, qui montait et descendait par des bonds réguliers. Quelles délices, alors! Comme le pauvre petit oubliait toutes ses misères! Il était dans ces pays fabuleux, dans ces déserts, «immenses étendues aux vagues de sable doré», dévorant l'espace sur la croupe frémissante du «roi des animaux», comme disait le «maître», libre, loin de toute humiliation et de toute souffrance. La musique des manèges mêlée à celle du bal de l'auberge voisine entrait dans la tête du pauvre petit et lui donnait un engourdissement qui aidait à l'illusion. Quand le cheval étique qui tournait autour de l'axe, ralentissait sa marche et s'arrêtait, il descendait tout étourdi, chancelant, comme ivre. Lorsque viendra la foire prochaine le «nourrisson de la Poupin» ne sera plus là....

Mais qui donc arrive par la petite rue déserte? Raymond connaît cette voix cassée, au timbre de cloche fêlée. Tiens, c'est Denis, Denis le fou, le pauvre, pauvre Denis! Un mouvement instinctif de pitié et de sympathie le fait aller vers lui. N'est-il pas seul, abandonné et malheureux, lui aussi? Sa femme et sa fille l'ont quitté, voici bientôt quatre ans, pour s'en aller bien loin dans une grande ville. Depuis lors, il vit comme un sauvage, fuyant tout le monde; peu à peu le chagrin lui a fait perdre la raison. On ne l'enferme pas, il n'est pas méchant; la plupart du temps, même, il est très raisonnable. Il cultive sa vigne, son petit jardin, élève des volailles qu'il va vendre au marché des Roches. Ce n'est que lorsque quelque chose lui rappelle son malheur, au moment des fêtes, par exemple, qu'il est repris de sa folie douce. Alors il s'en va, il marche, il fait plusieurs fois le tour du village, interpellant les passants, parlant à des interlocuteurs imaginaires, chantant à tue-tête. Des voisins compatissants lui donnent à manger, veillent de loin sur lui.

—Monsieur, j'ai ben l'honneur de vous saluer, dit-il à l'enfant ahuri, en s'approchant et lui faisant une profonde révérence.—En même temps il découvre un crâne chauve, entouré d'une demi couronne de cheveux blancs embroussaillés qui semble être la continuation de sa barbe en collier d'orang-outang. Il porte un «bayot» vide qu'il pose par terre.

—La vendange a été bonne, reprend-il. Le raisin est gros à crever, le vin sera fameux cette année. Nous en avons-t-y fait de la besogne, aujourd'hui, bonnes gens! Enfin, nous v'là rendus, juste avant la nuit. Quand on aura mangé un morceau, on dansera cheux nous. Si le cœur vous en dit, jeune homme... Vous verrez ma femme et ma fille, deux belles personnes, donc, et qui s'entendent à sauter mieux qu'à travailler. Pourquoi que vous riez, vous aut'. C'est p't-êt' pas vrai qu'ailes sont mignonnes? Je vous défends de vous gausser d'elles. Et pis, c'est-y tant rigolo ce que je vous dis-là? Je savons 'core un peu ce que j'disons, pourtant. Le père Denis n'est pas si tant vieux qu'on veut l'dire. Il sait ben lever la jambe, toujou'joliment. Tenez:

Et lon lon-la
Et lon-lon-lère
La fille est là
Avec la mère.

Et lon-lon-lère
Et lon-lon-la
Adieu, bon père,
Moi, je m'en va!

Le vieux chantait sur un air de bourrée et faisait sonner ses sabots en cadence sur le sol gelé. Ses cheveux blancs, s'envolaient, pitoyables, autour de sa tête; ses yeux, de plus en plus hagards, se fixaient sur le pauvre petit qui tremblait.

Et lon-lon-la
Et lon-lon-lère
L'enfant s'en va
Après la mère.

Et lon-lon-lère;
Et lon-lon-la...

—Quoi que vous avez tous à me regarder, tas de voyous! crie-t-il. Je suis donc ben plaisant, à mon âge, que je vous prête à rire? Attendez un peu, je vas vous montrer si le père Denis a quitté ses biceps...

Raymond s'éloigne, effrayé, le coeur plus serré encore. Un instant il a cru trouver dans le vieillard un protecteur, un ami; mais non: il est trop fou. Certes, il est bien à plaindre, le pauvre homme, mais au moins, lui, sa folie lui fait oublier sa peine. Il est heureux alors, il chante et rit comme s'il n'était pas seul au monde, abandonné. Et puis, il a sa maison, un abri contre le vent, le froid, les mille terreurs qui peuplent les ténèbres, un asile où passer la sombre nuit d'hiver. Un asile! Que cela semble enviable au pauvre petit! Ah! coucher sur le sol, dans le froid, dans ce noir qui vient, non, non... Mais, où aller? Où aller?

Et lon-Ion-lère
Et lon-lon-la
Le cimetière
Est près de là!

Reprend le bonhomme en s'éloignant. Le cimetière! Eh! oui, il a raison Denis! C'est là le seul refuge possible, c'est là qu'il faut aller, c'est là qu'on est bien. Les hautes pierres des tombes, les noirs cyprès lui seront un abri contre la bise glacée. Dans cet enclos paisible, personne ne viendra le chercher, personne ne le dérangera, personne ne le chassera.

Au fond de l'allée des grands ormeaux dépouillés de leurs feuilles, la petite église apparaît, antique et massive, avec son clocher carré comme un donjon, sa façade unie, dorée par les lichens, blonds. L'enfant ne s'y arrête pas.

Qu'irait-il y faire? On ne lui a pas appris à prier. D'ailleurs, il n'oserait entrer dans cet endroit silencieux ou flotte toujours un vague parfum d'encens, qui ne lui rappelle que le souvenir de messes matinales où il s'endormait, de sermons qu'il ne comprenait pas, pendant lesquels ses yeux restaient fixés sur un joli trois-mâts, grand comme un joujou d'enfant, pendu en ex-voto dans la chapelle de la Vierge. Il n'a pas encore été au catéchisme, on ne lui a parlé du «bon Dieu» que comme d'un être invisible et sévère qui profite de ce qu'on ne le voit pas pour espionner le monde, qui, sûrement, l'enverra en enfer, lui, «de nourrisson de la Poupin», pour ses crimes d'enfant. Il se le représente comme le maître de tous les maîtres, le patron de tous les patrons, le plus riche de tous les riches! Eh bien! si les petits de la terre sont méprisants et durs, s'ils traitent en paria l'orphelin, que fera-t-il, alors, lui, qui est plus qu'eux tous?

Raymond se glisse derrière les tombeaux en forme de bancs de ceux qui furent les gens importants de la commune, et cherche un chemin dans le fouillis des monticules envahis par les ronces qui marquent la place de ceux qui n'y furent rien. Quelques cyprès solitaires désignent des tertres plus soignés. Il arrive, enfin auprès du mur de clôture où, dans les hautes herbes brûlées par le froid, se trouvent deux tombes jumelles toutes pareilles, deux berceaux de pierre.

Dans l'une «repose» une petite fille, presque de son âge, «Alexina Gérard, morte à huit ans, douce et charmante enfant que le Seigneur voulait avec lui au ciel». Un trou rond, creusé dans la croix, et fermé par une vitre trouble, abrite une petite tresse de cheveux bruns, jadis soyeux et doux, raides et roussis par le temps. A côté, «Stylice Paret», sept ans, «à la mémoire de leur petit ange, ses parents éplorés qui espèrent le revoir au ciel». Malgré l'obscurité croissante, Raymond peut encore distinguer, au fond de la vitrine, une gravure coloriée, presque fanée. Elle représente une belle dame à crinoline, les épaules tombantes sous un châle en pointe, la figure menue dans un chapeau en auvent. Elle se tient debout, son mouchoir à la main, devant un monument de marbre blanc sur lequel sont peintes des larmes noires, grosses comme des poires. Ces deux tombes, avec cette tresse de cheveux et cette image prétentieuse sont, après sa nourrice, ce que le pauvre enfant aime le mieux au monde. Cette femme si pâle, qui pleure éternellement son enfant, l'attire invinciblement. N'a-t-il pas perdu sa mère, lui? Justement sa mère, avait, comme elle, des mains fines et blanches: «bon sang de bon sang, des doigts quasiment gros comme des pattes d'araignée et blancs comme l'hostie,» avait dit la Poupin, un jour qu'elle était en veine de confidences. Une autrefois, alors que, timidement, il lui demandait si sa mère était jolie, la paysanne avait répondu:

—Jolie, j'ai pas fait attention à c'te bêtise-là. J ai vu que son argent, qu'était bel et bon. On aurait dit qu'alle en avait des cent et des mille, bonnes gens, à la manière qu'alle le laissait parti'. Qui jamais aurait pensé qu'alle n'était qu'une pauvresse, tout com' les aut'. Alle avait l'air si honnête, si timide, avec son parler doux de dame riche. J'ai cru que c'était la fortune qu'alle nous apportait avec toi, ou, dans le pire, qu'on serait récompensé de ses peines. Va te faire fiche! Jolie, avec son tout petit visage couleur de cire! même qu'alle m'a fait pitié, j'ai si bon coeur! D'ailleurs, son chapeau avançait, c'était presque la nuit faillie, or y voyait tout juste assez pour distinguer une poule d'un canard; je s'rions ben en peine de la reconnaît'! Et, reprenant le récit conté tant de fois:

—«Je rentrions les bêtes lorsqu'une voiture s'arrête devant la porte de la cour. Descend une petite dame portant un enfant endormi qui me dit:

—»Vous êtes ben m'ame Poupin?

—»Oui, bonne dame, pour vous servi', que je dis.

—»Paraît que vous cherchez un nourrisson?

—»Oui ben, que je dis. J'ai beaucoup de lait, mon p'tiot profite; et je serions pas fâchée de m'met' queuque sous de côté pour l'élever, rapport à ce que nous sommes pas riches et que les temps sont durs.

—»Voulez-vous prendre mon enfant?

—»Volontiers, que je dis, si vous payez congrûment.

—»Je vous donnerai ce que vous voudrez, qu'alle dit.

—»C'est que, bonne dame, les enfants, ça fait avoir beaucoup de dérangement. Mettons trente francs par mois, le sucre et le savon en pus.

—»Ça me va, qu'alle répond. Tenez, voici deux mois payés d'avance.

»Et alle me tendait un billet de cent francs comme je te tends, à toi, ce morceau de pain. Je n'en croyais pas mes yeux. Je restais là, imbécile, sans oser toucher le billet qu'alle posa sur la tab'. Enfin l'estomac me revint. Je te pris dans mes bras; tu avais dans les cinq ou six mois, comme Nestor, mais t'étais plus menu et chéti'.»

—«Je reviendrai bientôt, qu'alle dit alors. Vous semblez être une brave femme, soignez ben mon Raymond, voici ses habits.—En même temps, elle jeta un paquet par terre et s'ensauva. Je la croyais loin et je regardais les chemises de fine toile garnies de broderies, les langes aussi doux que des mouchoirs de poche, lorsqu'elle revint, t'attrapa, se mit à t'embrasser comme une folle, pis repartit en courant. La portière claqua, la voiture disparut avant que j'aie pu comprendre ce qu'était arrivé. Jamais pus alle n'est revenue...

—»Alle est timbrée que je me pensais en mon par dedans. Ou ben c'est le mal au coeur de quitter son petiot qui lui fait batt' la berloque. Mais tout de même, alle semb' une bonne personne, généreuse, qui comprend les choses. Ah! ouiche! Ben bonne! De la crème tournée, quoi! Ben généreuse: cent francs pour te nourrir toute la vie, c'est payé en effet! Ah! la sans-coeur! Alle se débarrassait de toi pour pouvoir mieux faire la fête! La coquine! Alle se déchargeait su de pus pauv' qu'alle du soin de t'élever. Encore si alle avait laissé son adresse, si alle avait dit comment que tu t'appelais: mais ren pour te faire connaître, pas un mot d'écrit, pas un scapulaire, une médaille, une croix, comme y en a qui en ont, qu'on raconte. Jolie! En effet, alle était jolie, la misérab', la gueuse!»

Depuis, Raymond n'avait plus jamais parlé de sa mère. Mais il y pensait sans cesse. Il espérait, et c'était le fond mystérieux de ses rêveries, il espérait qu'elle reviendrait un jour le chercher. Pour lui, ce «tout petit visage couleur de cire», caché sous un chapeau qui avançait, était devenu vivant. Il le connaissait comme s'il l'avait, toujours vu, penché sur lui. Peu à peu il le confondait avec l'image de la dame du cimetière. Bientôt les deux ne faisaient plus qu'une seule et même personne. Elle avait, sous son vêtement de deuil, une taille jeune et mince; elle lui tendait ses mains secourables, ses blanches mains pures; c'est sur lui qu'elle pleurait, sur son isolement, sa souffrance. Il lui contait toutes ses peines; elle y compatissait, le comprenait, le consolait. Elle l'accueillait toujours bien; jamais elle ne doutait de sa parole; Stylice était son frère et Alexina, sa soeur. Il leur parlait, ils lui répondaient. Chacun avait sa physionomie particulière, son timbre de voix distinct, si doux, celui de la mère; si clair, celui de la petite soeur. Il taquinait Alexina, jouait avec Stylice, mais surtout, surtout, il baisait dévotement les blanches mains. Il portait à ses amis des fleurs, furtivement volées de ci, de là, ou cueillies dans les bois: coucous et primevères pâles au début du printemps, douces pervenches et blanches «pentecôtes» un peu plus tard, roses et chrysanthèmes, l'été et l'automne. Il les cachait sous sa veste, le long du chemin.

Mais, quand survenait une période d'accalmie, lorsque la Poupin, satisfaite de la récolte ou de la vente des légumes, se souvenait qu'elle l'avait nourri de son lait et se montrait meilleure, presque maternelle, il les oubliait. Il était si jeune et avait tant besoin d'être aimé! Le rêve est une nourriture creuse qui peut bien tromper un instant un coeur avide, mais qui ne saurait le satisfaire toujours. Comme alors il battait, ce coeur, chaque fois que la paysanne s'approchait de lui; comme le pauvre enfant épiait chacun de ses mouvement! Ah! si elle l'avait pris dans ses bras, combien goulûment il lui aurait rendu sa caresse! En elle il eût étreint en même temps, et son rêve, et la réalité proche, vivante, dont il avait tellement soif. Mais la Poupin ne songeait jamais à l'embrasser.

Pourtant, jusqu'à maintenant, il s'était fait illusion, il croyait qu'elle l'aimait un peu, beaucoup moins que Nestor, bien entendu, mais, enfin, un peu. Il s'est trompé, elle ne l'aime pas ou elle ne l'aime plus, si elle l'a jamais aimé. Personne ne l'aime. Blaireau lui même, le volage Blaireau, l'a abandonné! Ce soir, est-ce le froid intense qui l'envahit jusqu'au coeur ou l'obscurité croissante qui l'enveloppe de tristesse? Mais il a beau appliquer; son esprit à retrouver son rêve, son rêve lui-même lui échappe. L'image de la tombe n'est qu'une gravure à moitié effacée, vue à travers une vitre malpropre; Stylice, Alexina n'ont jamais existé pour lui, ce sont des noms qui ne représentent rien. Tout à coup, la réalité le saisit; ce qu'ils sont, il le devine maintenant.

N'a-t-il pas, bien des fois, vu le fossoyeur faisant sa sinistre besogne dans le champ commun? Il sait ce que recouvre chacun des sombres monticules, et les bancs des riches aux flatteuses inscriptions... Horreur, horreur! C'est la nuit de Noël; comment n'y a-t-il pas pensé plus tôt! Dans un moment, d'après la légende répétée aux veillées, les morts vont sortir de leurs tombeaux. Mais oui, tenez, tenez, les voici déjà qui écartent de leurs mains de squelettes les mottes de terre gazonnée; ils soulèvent péniblement les lourdes pierres, renversent les bancs, les croix, les colonnes. Les voilà tous sortis! Le cimetière, bouleversé de fond en comble, ressemble à un champ labouré où grouille une armée de spectres. Les petits, Stylice et Alexina, qui se sont attardés, courent et sautent par-dessus les obstacles pour se mettre derrière les autres. En bande serrée, deux à deux, ils marchent, ils approchent; Ils chantent... mais c'est horrible, les voilà tous qui chantent, maintenant, en se dandinant; ils entrechoquent leurs os pour scander la bourrée:

Et lon-lon-la
Et lon-lon-lère,
L'enfant est là
Avec la mère!

Et lon-lon-lère Et lon-lon-la,
Le cimetière,
Nous y voilà!

—Non, non! crie l'enfant, saisi d'une indicible terreur, non, je ne veux pas!— Et, grelottant de fièvre, brisé par le chagrin, vaincu par la faim, le froid, la peur, il tombe évanoui sur l'herbe blanchie par la gelée.

III

La Bolinière, 24 décembre 19...

Mon cher mari,

Tu as peut-être été surpris de voir ma lettre timbrée des Roches. En effet, je t'écris de la Bolinière où je suis arrivée hier au soir. Tu ne me blâmeras pas, je le sais, d'avoir fui le Paris des fêtes et d'être venue chercher ici, dans ce coin paisible, tout plein de ton souvenir, un peu de calme et la liberté de penser à toi, à *vous*.

Ma mère m'a vue partir avec peine, non sans que le médecin lui eût affirmé que j'étais tout à fait guérie de ces vilaines fièvres qui m'ont empêchée de te rejoindre à Saïgon. J'ai dû lui promettre de revenir bien vite auprès d'elle, mais j'espère qu'elle me laissera un peu ici. Je suis assez grande fille pour rester seule; j'y étais résignée à l'avance, lorsque j'ai épousé le lieutenant de vaisseau Brunier. Ce n'est pas une raison parce qu'il m'a gâtée en m'emmenant avec lui à son dernier voyage, pour que je ne sache plus du tout vivre par moi-même.

Comme j'aime la vieille maison où tu es né, mon ami! Elle m'est plus chère, même, que mon cher Blanc-Moulin où j'ai passé, pourtant, mes plus belles années d'enfance. J'en parcours toutes les chambres avec délices. Héloïse, qui me suit comme mon ombre, en commente chaque coin: «Ici, sur cet escabeau, dans la grande cheminée de la cuisine, *Il* apprenait ses leçons, les soirs d'hiver, pendant que je faisais cuire des châtaignes. De temps en temps *Il* levait la tête pour me demander: «Sont-elles cuites, ma Loïse?» (*Il*, bien entendu, c'est toujours toi, le maître.) Là, est le fauteuil de sa mère, ma pauvre défunte maîtresse, que le Seigneur a reprise à Lui; ici, *sa* chaise; sur cette marche de l'escalier *Il* s'est fait une bosse en tombant, un matin. Dans le vestibule, voici *son* premier fusil. C'est dans ce salon, auprès du feu, qu'*Il* passait la veillée de Noël et attendait la nouvelle année avec Madame, assise en face, sur l'autre fauteuil.»

C'est aussi là que je me suis installée. J'avais apporté quelques menus objets pour meubler la grande pièce froide: ma haute lampe, des coussins pour le raide canapé Empire, un tapis pour la table de marbre aux pieds ornés de sphinx en cuivre sur laquelle j'écris, vos portraits. J'ai mis des feuillages de houx, des lierres, des roses de Noël dans les vases de porcelaine, j'ai enlevé les housses. Héloïse a fait, dès ce matin, un feu immense, un feu homérique, à faire rôtir un veau entier, et me voilà, dans *ton* fauteuil, toute à toi, libre de t'envoyer mes pensées et mon amour. C'est pour toi, tu l'as bien compris, que j'ai paré la pièce, c'est avec toi seul, avec *vous* que je veux passer cette veillée de Noël.

Ce grand Paris sans toi, avec son mouvement incessant, avec tous ces visages dont aucun n'est celui que je cherche toujours, m'est odieux. Il me semblait, en venant ici, y trouver quelque chose de toi-même. Je ne me suis pas trompée. Dès l'entrée dans la grande allée de chênes, je me suis sentie comme enveloppée de ton souvenir. Il était quatre heures, le soleil s'inclinait sur la mer, aperçue entre les sombres rameaux. La mer! Ah! comme mon coeur a battu en la revoyant! C'est que, vois-tu, je la hais et je l'adore tout ensemble. Elle me fait peur et elle m'attire. Avant de la revoir j'y pensais sans cesse; maintenant, il me semble que je ne pourrai plus la quitter. C'est elle qui t'a pris à moi, mon bien-aimé, c'est elle qui nous sépare, c'est elle qui te ramène en ce moment vers moi, c'est elle qui berce dans ses eaux profondes plus que nous-mêmes, tout ce qui reste de notre unique enfant. Cette nuit, je n'ai pu dormir, le vent faisait vibrer la vieille maison de la cave au grenier; il s'engouffrait dans les longs corridors, ébranlait les portes, faisait frissonner les paravents des cheminées, crier le coq de la girouette. J'entendais le choc des flots sur le rivage, régulier comme le battement d'un grand coeur. J'ai revu la nuit cruelle: les lumières du bord se reflétant sur l'eau, le long paquet blanc, si inexprimablement cher, trouant la nappe lumineuse et descendant, descendant... Depuis lors, n'est-ce pas étrange? Chaque fois que je m'endors, la nuit, moi aussi je sens la molle caresse de la vague autour de mes membres; sa fraîcheur fait frissonner ma peau, et, lentement, comme lui, je disparais dans les abîmes; les masses lourdes m'oppressent, et cela est à la fois très angoissant et très doux. Là... ne me gronde pas: la douleur a ses folies comme la joie. Et pardonne-moi: je ne veux plus te peiner par mes plaintes. Je serai courageuse; je te prouverai que je sais vaillamment porter ma souffrance, comme le soldat sa blessure, sans en attrister les autres. Mais toi, tu n'es pas «des autres», tu es moi, la partie de moi la plus forte, la meilleure et la plus chère: voilà pourquoi j'ai laissé parler mon coeur.

Au seuil de la longue maison sans étage, si avenante entre ses tourelles carrées dont les fenêtres flamboyaient au soleil couchant, sur le perron envahi par le lierre, l'oreille au guet, la main sur les yeux, Héloïse attendait—Héloïse, symbole d'attachement et de fidélité, toute blanche maintenant sous son bonnet de linge immaculé, mais tenant bien droite sa taille élevée, son corps maigre de huguenote. Sa figure austère, creusée de durs sillons, s'est illuminée un instant en voyant entrer la voiture. Elle est accourue, m'a aidée à descendre, mais, frappée sans doute du contraste entre la joyeuse et fraîche mariée qu'elle avait accueillie la première fois et la maigre personne vêtue de noir que je suis maintenant, elle a repris sa morne, indéfinissable expression et, silencieuse, m'a précédée dans notre chambre. C'est elle, sur un guéridon, auprès du feu, qui m'a servi le dîner qu'elle avait préparé seule, jalouse des soins de la femme de chambre parisienne que j'ai amenée et qu'elle juge être «de ces écervelées, habiles, seulement, à dévorer le bien des maîtres». Elle se tenait respectueusement debout auprès de moi et épiait mes impressions sur mon visage. Comme son gigot n'était pas tout à fait assez cuit pour mon goût de convalescente à qui la viande répugne, elle a été désolée; elle m'a si humblement demandé pardon, s'accusant avec une si «réelle repentance» de légèreté et de présomption que j'ai été prise de fou-rire. J'ai eu toutes les peines du monde à garder mon sérieux et surtout, à la réconcilier avec elle-même, en lui démontrant que le plus ou moins de cuisson des rôtis est affaire de goût; que toi, par exemple, tu aurais trouvé son gigot parfaitement à point. Cette dernière considération lui a rendu la paix.

Quelle étrange personne que cette Héloïse! Je la regardais, chauffant mon lit avec une merveilleuse bassinoire de cuivre très ancienne, brillante comme un soleil. Elle était grave et avait l'air d'accomplir une cérémonie sacerdotale: tel le prêtre à l'autel. Jamais lit ne fut mieux bassiné; pas un endroit qui ne fût d'une chaleur égale et douce. Comme je la remerciais avec effusion, l'appelant ma «bonne Héloïse», toute heureuse d'étendre mes membres fatigués dans ces draps tièdes, doucement parfumés par les racines des grands iris du jardin, réconfortée, surtout, de me sentir entourée de soins si prévenants, elle a pris un air glacial, comme si elle craignait de, se laisser attendrir ou de manquer au respect qu'elle me doit. Elle m'intrigue et m'intéresse à un point extrême. Je ne puis m'empêcher de l'étudier. Je sais qu'elle a eu de très grands chagrins; mais elle n'est pas apaisée, résignée comme on pourrait s'y attendre d'une personne aussi croyante. On devine en elle plus que de la souffrance qui a, parfois, ses douceurs et ses voluptés, qui rend meilleurs ceux qui l'acceptent courageusement; on sent, oui, on sent en elle le remords, ou, tout au moins, une douleur mauvaise, sans trêve ni repos, hautainement cachée à tous les yeux. Il faudra bien que j'aille jusqu'à elle et qu'elle me l'ouvre, ce cœur fermé, ombrageux, qui a, peut-être, grand besoin de sympathie!

Ce matin, après mille ruses pour tromper la vigilance de ma sévère gardienne, Rosa est parvenue à m'apporter mon chocolat. Elle mourait d'envie de me voir et de me conter les choses extraordinaires qui la stupéfient dans cette maison du souvenir.

Et, d'abord, Héloïse:

—Mais elle est à peindre, Madame, cette créature! C'est un type comme il n'y en a plus; il faut venir dans ces pays perdus pour en trouver encore. Est-ce que Madame croit, par hasard, que c'est une femme? Pour moi, c'est un homme déguisé. Madame n'a qu'à voir ses moustaches; n'était qu'elles sont blanches, j'en sais plus d'un, à Paris, qui serait rien fier de les avoir! Elle est l'intendant de la maison, et un rude; le valet de ferme, qui est vieux pourtant, lui aussi—il a bien quarante ans sonnés—n'est qu'un gosse auprès d'elle: le jardinier n'en mène pas large quand elle fronce le front; la fille de basse-cour la craint comme le feu. Pourtant, elle leur parle toujours doucement, et, même, parfois, on ne sait pourquoi, elle rougit et devient honteuse et timide comme une jeune fille. Jamais, depuis onze ans, elle n'est sortie de la Bolinière, pas même les dimanches et les jours de fête, pour aller au temple. Cependant, il paraît qu'elle est dévote. Elle a une grosse Bible, toujours posée sur le dressoir de la cuisine, avec ses lunettes dedans pour marquer la page. Elle est savante comme un maître d'école et vous explique des tas de choses qu'elle a lues, le dimanche, dans les livres que Monsieur lui a permis de prendre, dit-elle, dans la bibliothèque. Elle sait par coeur des poésies qu'elle répète en faisant tourner sa broche. Ah! mais, bien plus fort: elle en fait, elle aussi, des poésies! Oui, Madame, Dieu me pardonne, elle en fait, elle est poète; ce vieux manche à balai est poète; c'est renversant, mais c'est comme ça. Je les ai vus de mes yeux, moi, ces vers, que, même je les ai subtilisés pour les montrer à Madame, pensant que ça lui ferait passer le temps. Les voici: ils étaient dans le tiroir de la cuisine, à côté du hachoir et de l'aiguille à larder. Hein! c'est-y tordant! Madame verra; sûr ce n'est pas du Victor Hugo, mais pour une domestique, c'est é...tonnant, tout de même!

J'ai pris le papier, après avoir recommandé à mon écervelée les plus grands égards pour cette servante-poète. Voici ces vers que je t'envoie, non pour me moquer de ta vieille bonne, que j'aime et que je vénère autant que tu peux le faire, mon ami, mais parce qu'ils découvrent un peu de cette âme étroite et profonde, éprise de beauté, de justice, hantée de scrupules, qui voit en Dieu, non le Père tendre et miséricordieux, celui qui est amour, avant tout, le Dieu de l'Evangile, enfin, mais le maître dur et inflexible, le Créateur, le juge implacable, le Dieu de l'Ancienne Alliance.

Est-ce de l'Eternel la dernière trompette?

Sur l'esquif emporté par la mer en courroux

J'entends gémir les mâts et hurler la tempête.

Seigneur, Dieu Tout-Puissant, ayez pitié de nous!

Le ciel est sombre, à peine un peu de clarté passe

A travers les nuages, partout amoncelés;

Nous sommes seuls, jetés dans cet immense espace.

Et la mer a perdu sa grande majesté.

Description de la tempête, le péril augmente; prière, puis:

Mais le Seigneur est sourd, il a caché sa face.

Dans une nue immense il s'est enveloppé,

Il ne veut pas entendre! et voyez, sur la place

Du frêle esquif, les flots se sont déjà fermés.

Mon Dieu, où s'en vont-ils? Au fond des noirs abîmes
Les voilà qui descendent, à jamais disparus.
Vous les voyez, Seigneur, et vous jugez leurs crimes;
Sur les bords des vivants ils ne reviendront plus.

D'affreux monstres marins s'acharnent sur leurs formes
Mortelles qu'une mère adorait trop jadis.
Mais qu'importe l'endroit où pour toujours ils dorment,
Si leur âme est sauvée et va en paradis.

Qui le dira, Seigneur? Vous leur donniez la chance
De croire et de prier alors qu'ils étaient forts.
Vous ont-ils obéi? Hélas! Est-ce qu'on y pense?
Quand on est jeune et gai l'on va, bravant la mort.

Mais elle vient un jour, la terrible ennemie,
Alors il est trop tard pour prier et gémir,
Trop tard... vous êtes sourd, vous éteignez la vie,
Comme on souffle un flambeau quand la nuit va finir.

Pauvre Héloïse, quels vers! Non, ce n'est pas du Victor Hugo! Pourtant ils m'ont bouleversée. N'a-t-elle pas perdu son mari et son fils en mer, tous les deux, «non convertis», comme elle dirait? Quelle profondeur de souffrance ils dévoilent, ces vers maladroits, quels affreux tourments! Je commence à entrevoir ce qui donne à ce vieux visage cet air d'angoisse: ne serait-ce pas la crainte de ne revoir jamais ceux qu'elle a perdus? Elle met dans ses convictions la raideur, l'inflexibilité qu'elle apporte à tout dans sa vie. Sait-elle, oh! sait-elle ce qui s'est passé dans ces âmes d'hommes à l'heure suprême? Qui peut se vanter de connaître le secret des coeurs, d'y suivre le travail de Dieu, si mystérieux, si intime, si profond, si caché, souvent! Qui peut oser dire d'un de ceux pour lesquels le Christ est mort: «il est perdu»?'

Comme j'écrivais ces mots, Héloïse est entrée dans le salon. Elle a froncé les sourcils à la vue des fleurs, du tapis, des coussins, de la lampe, qui changent la physionomie par trop froide de la pièce, mais s'est arrêtée devant les portraits. Elle a pris le tien; sa figure s'est épanouie.

—Comme c'est lui! s'est-elle écriée. On dirait qu'il va parler, qu'il va me dire: «Bonjour, ma Loïse, ça va toujours bien?» Mais le voilà qui prend des cheveux blancs, déjà, si jeune!

—Il a souffert.

—C'est vrai, ça touche, ça. C'était un si beau drôle, autrefois, tracassier, vif, mais si aimable, si bien portant! Et voyons...

Elle a pris l'autre portrait.

—Il lui ressemble; pourtant il a quelque chose de Madame. Quel âge avait-il, là?

—Six ans et huit mois.

—Et quand... c'est arrivé.

—Sept ans.

—Sept ans! Un bébé encore, quoi! Comme j'aurais aimé le connaître! Elle s'est tue, a soupiré et l'a contemplé longtemps sans plus rien dire. J'ai vu une larme furtive couler lentement le long de sa joue ridée. Alors, tout émue, je me suis levée et, prenant sa vieille main dans les miennes, je lui ai dit:

—L'enfant a eu le même sort que l'homme mûr, que le jeune homme; mais, sur eux tous, le Père du ciel veillait. Il les a «tirés des grosses eaux», cherchons-les auprès de lui.

—Non, non, a-t-elle répliqué vivement, comprenant ma pensée et dégageant sa main. Le cas n'est pas le même. Votre chérubin est mort dans vos bras, d'une maladie qui l'aurait emporté sur terre aussi bien; la mer l'a recueilli, elle ne l'a pas tué. Et puis, quelle différence! Son âme d'enfant était pure et prête pour la vie éternelle. Mais les miens... Croyez vous que, dans une tempête, on ait le temps de prier, de se recueillir?

—Je crois, dis-je, en l'entraînant doucement et la faisant asseoir à mes côtés, je crois que l'infini du repentir peut tenir dans un cri, dans un suprême élan vers Dieu.

—Vous dites cela pour me consoler, parce que vous êtes bonne et que je vous fais pitié. Mais je sais bien, moi, que «l'Eternel est un Dieu fort et jaloux, qui punit l'iniquité des pères sur les enfants, jusqu'à la quatrième génération de ceux qui le haïssent»...

—Oui, «mais qui fait miséricorde jusqu'en mille générations à ceux qui l'aiment et qui gardent ses commandements». Ne les avez-vous pas toujours gardés? Ne l'aimez-vous donc pas?

—Non, justement, dit-elle, et c'est là mon crime impardonnable. Je ne l'ai pas aimé «de tout mon coeur, de toute mon âme, de toute ma pensée». Je lui ai préféré la créature et la créature m'a trompée, m'a abandonnée. D'abord, je me suis mariée par amour, moi, chrétienne, avec un incroyant. Puis je me suis fait des idoles de mes enfants. Il y en a qui disent que j'ai été trop sévère avec eux: je sais bien, moi, que j'ai été faible, que je les ai gâtés. Mon fils est devenu un débauché, comme son père. J'avais une fille... Ah! combien elle m'était chère, pourtant! Je n'ai pas su la préserver de la tentation. Elle s'est engouée d'un homme sans religion et l'a épousé malgré ma défense. Que pouvais-je dire? Ne suivait-elle pas mon exemple? Je la gardais comme la prunelle de mes yeux; j'aurais donné pour elle tout le sang de mes veines; elle était mon dernier enfant, la seule qui restât de tous les miens. Je l'avais fait élever à Sainte-Foy, dans la pension protestante, comme une demoiselle. Elle était trop délicate, trop fine pour être servante ou pour travailler la terre; sa santé était fragile, elle toussait souvent, l'hiver. Je comptais la garder auprès de moi et la marier à quelque cultivateur des environs... Elle s'est amourachée d'un vaurien, d'un beau Monsieur à faux-col et à plastron, qui se disait agent d'assurances, venu pour la saison au Val, chez des amis communs. Un vaurien sans le sou, quoi! Dans le pays je passe pour avoir un joli—magot; on se trompe: j'ai seulement les économies de ma mère et les miennes, juste de quoi être à son aise en bien travaillant et voir venir les mauvais jours. Il pensait dénicher une héritière. Il a demandé Raymonde; j'ai refusé de la lui donner, bien entendu. Alors ma pauvre petite a commencé à dépérir. Elle s'en allait souvent pleurer dans le grenier à foin. J'espérais que cela lui passerait. En effet, elle commençait à être plus raisonnable et je me rassurais, croyant le misérable parti, lorsqu'un jour de la fin septembre—je m'en souviens comme si c'était hier—vers le soir, je finissais de ranger les draps de la lessive dans l'armoire de la lingerie, elle est entrée timidement. Je la vois, ainsi que je vous vois, là! Son chapeau (elle en avait un depuis son retour de pension) son chapeau cachait ses cheveux, si épais qu'elle ne pouvait les démêler toute seule, dorés et si frisés, bonnes gens, qu'on aurait dit qu'elle était coiffée par le coiffeur. Elle avait une petite robe fond blanc à ramages bleus qui s'ouvrait un peu au cou. Sa figure, belle à admirer, menue et ronde comme celle d'un enfant, était très pâle; elle tremblait. Mais ce n'est que plus tard que je me suis souvenue de tous ces détails et de son air pas comme à l'ordinaire. A ce moment-là je ne voyais que mon linge que je voulais finir de mettre en ordre avant la nuit.

—Où t'en vas-tu de ce pas? lui dis-je.

—Je vais porter à la dame des Tamaris son ouvrage, que je viens de terminer. Adieu, maman!

Je ne me méfiais de rien. Très habile de ses doigts elle faisait, en effet, pour les dames du voisinage, des ouvrages de fine broderie. Elle en gardait l'argent dans une tire-lire, sur la cheminée de la cuisine, pour son trousseau, soi-disant.

—C'est bon, reviens vite. Je n'aime pas te voir courir les chemins, quand il fait noir.

Elle ne me répondit pas et se mit à m'embrasser. Elle avait toujours été très amiteuse et m'ennuyait, souvent, moi qui n'aime pas trop cela, à se pendre à mon cou et à me bécoter, m'empêchant de travailler.

—Embrasse-moi, toi, dit-elle.

Je la baisai distraitement, un peu impatientée, même, et continuai ma besogne... Ce n'est que lorsque j'entendis la porte du jardin se refermer que je me réveillai comme d'un songe. Brusquement, je fus saisie d'un pressentiment, je revis sa figure bouleversée, je me souvins du drôle de son de sa voix. Je me précipitai à la cuisine: la tirelire n'était plus sur la cheminée; j'allai à la grille, Raymonde avait disparu. Folle d'angoisse, je me mis à courir sur la route, je l'appelai, je la cherchai dans le village, aux Roches, chez ses amies sur les falaises, dans les champs: rien ne me répondit, elle n'était nulle part, personne ne l'avait vue. Je la crus noyée. Je passai la nuit à rôder le long du rivage, l'appelant sans m'arrêter, la gorge enrouée, les jambes cassées. Le garde-côte, que les voisins, accourus à mes cris, avaient prévenu, envoya un canot avec des hommes, du port. La lune était pleine, on y voyait comme le jour. On chercha partout dans les rochers, sans rien trouver. Enfin, comme je m'en revenais à la maison, au matin, ayant perdu tout espoir, un homme me remit une lettre de sa part. Ma fille vivait, oui, et, au premier moment, je crus devenir folle de joie; mais après, je crois que j'aurais préféré la savoir morte. Elle avait été rejoindre le misérable sans lequel elle prétendait ne plus pouvoir vivre et me suppliait de lui permettre de l'épouser. Si je refusais, plie serait forcée de passer outre.

—Y a-t-il une réponse? me demanda le messager.

—Dites à la personne qui vous a envoyé, que je n'ai plus d'enfant. Voilà ma réponse.

L'Angélus sonnait à l'église du Val comme je refermais la porte du jardin dont le bruit m'avait fait tant de mal. Raymonde n'existait plus pour moi. Elle, mon unique enfant, ma consolation, si soumise et si douce jusqu'alors, m'avait abandonnée pour un étranger, un aventurier rencontré par hasard. N'a-t-elle pas eu, même, l'impudence de m'envoyer des sommations respectueuses. Ceci était plus amer que tout le reste: les autres épreuves me venaient de Dieu, celle-ci de la chair de ma chair. C'était l'infâme qui la poussait bien sûr. Fallait-il qu'elle fût enjôlée, tout de même, pour en venir là, elle, ma tendre colombe, mon agneau sans tache, qui m'aimait tant, qui n'aurait pas fait de mal à une mouche!

Ah! il n'a pas tardé à me venger, le malfaiteur!

Quand il a su que j'étais inflexible, que la fille seule lui restait sans la dot, il l'a abandonnée à son tour.

—Vous n'avez pas essayé de la revoir?

Héloïse a baissé la tête, comme honteuse.

—Oui, j'ai eu cette faiblesse. Quand j'ai su qu'elle était toute seule, sans pain peut-être, ma rancune a cédé. J'ai été la chercher, mais trop tard: elle était morte la veille en mettant au monde un enfant mort-né. Le désespoir, la misère,—elle n'avait pour vivre que son métier de brodeuse,—avaient fait leur oeuvre. Voilà: j'avais mis mon coeur à ce qui n'est que poudre et cendre, et je n'ai trouvé que poudre et cendre. Maintenant, je suis seule, je n'aime personne et personne ne m'aime.

—Ma pauvre Héloïse, comme vous souffrez?

—Moi? a-t-elle dit, en se levant brusquement et reprenant son air fermé. Non. Je n'espère plus rien ni dans ce monde ni dans l'autre; mon coeur est mort. J'avais fauté, Dieu m'a punie: c'est juste, nous sommes quittes. J'ai beaucoup prié autrefois, mais le Seigneur a rejeté ma prière. Il a refusé de m'entendre comme j'avais refusé de l'écouter, et m'a endurci le coeur. Mais, j'ennuie Madame... Je suis toute confuse... Je ne sais comment j'ai eu la hardiesse de lui dire toutes ces choses. Je prie Madame de m'excuser.

—Vous ne m'avez manqué en rien, lui dis-je, et je vous remercie, au contraire, de votre confiance. Ce soir, n'est-ce pas la veille de Noël, la veille de l'anniversaire du jour où Dieu est venu dire aux hommes qu'ils sont frères? Il n'y a, ici, en ce moment, ni maîtresse ni servante, mais seulement deux mères...

—Non, non, dit-elle, je sais ce que je dois à la femme de mon maître. Si j'ai, un instant, oublié son rang et le mien...

—Vous n'avez rien oublié...

Mais elle n'écoutait plus; et, froide, impénétrable, de nouveau se dirigeait vers la porte.

—A quelle heure Madame prendra-t-elle son lait de poule?...

—Je ne sais...

—A dix heures, sera-ce assez tôt?

—Oui, oui...

Elle est partie, me laissant si déçue, si troublée de son mutisme soudain, que je me suis mise à pleurer. L'ai-je froissée? J'ai donc été bien maladroite.

J'aurais mieux fait de me taire. Quel droit avais-je de pénétrer de force dans ce coeur si fier? Je voulais lui faire du bien? Qui m'en avait priée? Mais indiscrète, égoïste et orgueilleuse que j'étais, n'était-ce pas mon propre soulagement que je cherchais? La comparaison des souffrances de cette femme torturée et des miennes, ne me faisait-elle pas mieux sentir le bonheur qui me reste? N'avais-je pas besoin d'elle, plus qu'elle, de moi? Quel soulagement lui apportais-je? Au contraire, sa présence ne m'était-elle pas nécessaire? Il fallait lui dire, au lieu de ces belles paroles par lesquelles je croyais me montrer si charitable, si généreuse: «Restez, Héloïse, je vous en prie, je souffre, j'ai besoin de vous, je suis si seule et si misérable, moi aussi: car, pour les mères, voyez-vous, les richesses, le rang, ce sont leurs enfants. Nous sommes aussi dépouillées l'une que l'autre; pleurons ensemble.»

La mer est haute. Je l'entends qui bat les falaises à coups sourds et réguliers. Le feu est tombé—et mon courage aussi. Les coins se remplissent d'ombre. J'ai peur. Que cette veillée de Noël est triste! Pourquoi suis-je à la Bolinière? Ici, comme partout, je sens ton absence. Ces murs ne me disent plus rien. Où es-tu, mon ami? Que fais-tu à cette heure? J'espère, demain, recevoir ta lettre qui me fera du bien qui me dira que tu approches. Pour sûr, tu penses à moi en ce moment. Ah! si j'avais notre enfant avec moi, comme, patiemment, je t'attendrais, comme je ferais passer ton âme dans la sienne, comme je puiserais dans ses yeux ma force! Mais il n'est plus. Je suis seule, si cruellement seule! Personne autour de moi. Par ce soir de fête où toutes les mères pensent à faire des surprises à leurs enfants et se réjouissent à l'avance de leur joie, c'est bien dur, vraiment. Oh! un petit soulier à remplir, moi aussi, un être faible à protéger, à qui donner, au nom de celui qui n'est plus, ce trop plein de tendresse qui m'étouffe! J'ai là, sur la table, devant moi, les objets que je lui avais donnés à son dernier anniversaire: son couteau de grand garçon dont il était si fier, son petit canon de cuivre «pareil à ceux de papa» qu'il tenait, dans sa main faible lorsqu'il était malade...

Mais, pardon, je te fais de la peine. Va, je vais être plus forte. Vois-tu, moi, je ne sais rien te cacher. Je vais me secouer, me ressaisir. J'ai besoin de sortir, de marcher à l'air vif. La nuit n'est pas si noire que je le croyais. La lune s'est levée, elle trace sur les flots un beau chemin lumineux qui conduit vers toi; ma pensée va y courir pour te rejoindre...

IV

La jeune femme avait baissé la lampe, arrangé le feu, pris dans sa chambre un grand manteau à capuchon et était sortie. La marche dissipa vite l'impression nerveuse qui l'oppressait un instant auparavant. Sans crainte, elle traversa le court jardin à la française, et s'engagea dans l'allée de chênes qui se dirige vers la mer. Mais, comme elle refermait la lourde porte de fer pour prendre, en face, l'étroit sentier menant aux falaises, elle vit, à gauche de la maison, au milieu du champ de blé, le petit cimetière de famille qui, en ce pays de Saintonge, se trouve toujours dans les vieux biens de campagne des protestants. La lune faisait paraître les murs tout blancs auprès des têtes aiguës, noires et raides des cyprès. Elle eut envie de revoir ce lieu si paisible où, côte à côte, dans la terre qui les avait nourris, dormaient les ancêtres et les parents de son mari. La porte était fermée au loquet, elle entra. Elle connaissait chaque tombe; elle y avait porté des fleurs fraîches le matin même. Elle cherchait instinctivement quelque chose et ce quelque chose n'était pas là.

Ce qu'il lui fallait, elle savait qu'elle ne le trouverait plus jamais, nulle part, que toute sa vie, elle en aurait au coeur le vide, la soif inassouvie. Mais ne découvrirait-elle donc rien qui rappelât le cher disparu, qui lui donnât la douce illusion de sa présence? Hélas, oui, la chimère, puisque la réalité était impossible. Sa tombe! Ah! si elle avait eu, comme les autres mères, la joie décevante de posséder ce petit coin de terre sacré et cher entre tous, de le soigner, s'imaginant faire encore quelque chose pour l'aimé! Mais cela, aussi, lui était refusé. Alors, il y avait les tombes des fils des autres; elle les recherchait, celles, surtout, des petits garçons entre six et huit ans.

Dans le vieux cimetière du village il y avait—elle s'en souvenait brusquement—bien des noms d'enfants gravés sur les pierres. Elle y alla, hâtant le pas, soudain pressée comme si elle était attendue, joyeuse comme à l'approche d'un grand bonheur. Il lui semblait que son cher petit, son garçonnet si fin et si doux, trottinait auprès d'elle, qu'il glissait sa main frémissante et chaude dans la sienne, comme chaque fois qu'elle allait faire une bonne action, chaque fois que son coeur, travaillé par la souffrance, était meilleur, plus pur.

Elle ouvrit la porte et s'avançait entre les tertres inégaux, lorsqu'elle poussa un cri: elle voyait, enfin, ce qui l'attirait, ce pourquoi elle était venue. D'un élan passionné de tendresse, elle se pencha sur l'enfant évanoui, tâta son pouls, qui battait faiblement, réchauffa ses mains glacées dans les siennes, frotta ses tempes. Un peu de couleur revint sur les joues terreuses de Raymond. Il ouvrit les yeux; et, croyant reconnaître la dame de son rêve, toute blanche dans ses vêtements noirs, il dit «Maman», et s'évanouit de nouveau.

Madame Brunier prit l'enfant dans ses bras et sortit du cimetière. Il était grand et lourd pour sa frêle personne; mais ses forces étaient décuplées. Elle ne sentait pas la fatigue, elle marchait péniblement, bravement, dans le sentier blanc, un peu courbée en ayant, précédée de son ombre démesurément agrandie. Arrivée à la grille, elle sonna pour se faire ouvrir. Héloïse accourut, une lanterne à la main. Inquiète de l'absence de sa maîtresse, elle la cherchait dans le parc. Elle. retint une exclamation, posa sa lumière sur la borne et prit l'enfant des bras de la jeune femme en grommelant:

—Si ça a du bon sens, un enfant si lourd, et madame qui est si délicate, qui était encore malade il y a huit jours à peine! Puis, emportée par la curiosité: «Où madame a-t-elle bien pu trouver ce petit? Qui est-il?» demanda-t-elle.

—Je ne le connais pas. Il était évanoui dans le cimetière, près de l'église, au pied d'une tombe. Il serait mort de froid et de faim, peut-être, si on ne l'avait pas secouru. Il souffre, il est abandonné, malheureux, sans doute, il faut être bonne, Héloïse!

—Ça, par exemple, c'est fort comme La Rochelle! Madame a porté ce poids depuis l'église, quasiment une demi-lieue! Si monsieur le savait, il serait bien fâché. Il me gronderait de ne pas avoir suivi madame. Mais pouvais-je imaginer une pareille chose? Oh! oh!

—Taisez-vous, ne me grondez pas. Je n'en suis pas morte, voyons.

—Quelle imprudence de ramener ainsi chez soi de misérables vauriens, de la graine à péché, pour sûr! Gare à l'argenterie, demain! Faut pas être bien vieux pour faire le mal.

—Portez l'enfant dans le salon. Là... sur le canapé... ranimez le feu, levez la lampe, vite un grog pour le réchauffer: ne voyez-vous pas qu'il se meurt!

Héloïse obéit non sans hocher la tête d'un air de blâme. Arrivée dans la cuisine où il n'y avait plus personne, elle laissa éclater son indignation:

—Des choses pareilles ne se faisaient pas de mon temps, du temps de la pauvre madame, tout aussi bonne, tout aussi charitable, Dieu merci, que qui que ce fût. Mais une jeune femme est une jeune femme. Sa place, quand son mari voyage, est à la maison et non pas dans les chemins, la nuit, à ramasser les enfants de vagabonds. C'est comme aussi ces idées, de se tenir dans le salon de compagnie, d'enlever les housses quand on est toute seule, lorsque personne ne doit venir rendre visite, de mettre des fleurs partout et des coussins sur tous les meubles. Et puis, surtout, c'est-il nécessaire lorsqu'on a de vieux serviteurs dévoués, d'amener de Paris des filles curieuses et moqueuses, fières de leurs tabliers à colifichets, des demoiselles manquées, quoi, des sottes, toujours en train de fourrer leur nez partout! Enfin, une dame, une vraie, alors, qui se respecterait, ne descendrait pas de son rang pour parler à sa domestique, pour la faire asseoir à ses côtés, dans l'appartement des maîtres, comme une égale. Autrefois, certes, ça ne se passait pas ainsi! La pauvre chère défunte mère de Monsieur, ne l'aurait jamais fait, et elle avait cent fois raison: elle n'en était que plus respectée, que mieux vue...

Quand elle retourna au salon, l'enfant était revenu à lui. Installé sur une chaise basse, devant le feu, il souriait à la «Madame» à genoux devant lui. Il avait enlevé son béret et ses épais cheveux bouclés se doraient à la flamme. Ses naïfs yeux clairs regardaient partout autour de lui avec étonnement.

—Dieu juste! s'écria Héloïse, en l'apercevant et devenant mortellement pâle.

La jeune femme, absorbée par la vue de Raymond, n'entendit pas cette exclamation. Sans regarder la domestique, elle prit de ses mains tremblantes la boisson chaude qu'elle donna à l'enfant. Il but avidement. La vieille servante s'était réfugiée dans un coin sombre, de la pièce; immobile et glacée, elle semblait ne plus rien voir, ne plus rien entendre.

—C'est bon! disait le pauvre petit en faisant claquer sa langue. Il était un peu grisé par la chaleur et par le grog. Ses idées tournaient, affolées, dans sa tête.

—Oh! c'est beau, ici!

—As-tu faim?

—C'te question! Je vous crois, que j'ai faim, j'ai pas mangé depuis ce matin, sept heures.

—Héloïse...

Mais Héloïse était déjà partie et revenait l'instant d'après, portant de l'oie confite coupée menu dans de la purée de pommes de terre froide.

Madame Brunier fit manger le garçonnet, trop faible encore pour se servir lui-même.

—C'est pas mauvais, ça, dit-il, et ça fait joliment du bien par où que ça passe, comme dit La Seiche. Qu'est-ce que c'est que cette bête-là?

—De l'oie.

—De l'oie! Ben, c'est tout de même—cocasse que j'en mange, ce soir, de l'oie! C'est Nestor qui serait badiné, s'il le savait! Voilà que, maintenant, je fais réveillon, moi aussi, et sans avoir été à la messe, encore!

Quand il eut fini.

—Comment t'appelles-tu? demanda la jeune femme.

—Raymond.

—Et puis?

—Et pis? C'est tout. J'ai pas d'autre nom, moi.

—Où sont tes parents?

—Ah! ça, vous ne me connaissez donc pas, vous? Alors pourquoi que vous m'avez fait venir chez vous? Je suis le nourrisson de la Poupin.

—Que faisais-tu au cimetière?

—C'est-y là que vous m'avez trouvé?

—Oui.

—J'y faisais rien, moi. J'ai pas une maison comme Denis, vous savez, l'innocent! Fallait bien coucher quelque part. C'est que, voilà, faut que je vous dise. Ce matin j'ai quitté les vaches pour suivre La Seiche à la conche du Val, et les maudites bêtes se sont ensauvées dans le champ du père Brodin pour lui fricoter son herbe à ce vieil avare. Alors le patron voulait me batt' à coups de fourche. Mais je m'ai vite échappé, je me suis serré dans le foin; alors j'ai entendu qu'ils avaient tous assez de moi; que même la Poupin, ma nourrice, donc, n'a pas dit le contraire... Ça se comprend: voici pus de dix ans que je leur cause de la dépense sans leur donner du profit, depuis que ma mère m'a abandonné chez eux. Alors, moi, j'ai pas voulu rester et je suis parti, et le père Denis m'a fait penser au cimetière avec sa chanson. Une fameuse idée qu'il m'a donnée là, tout de même, la veille de Noël! J'avais pas fait attention à ça. J'y suis allé. C'est y que j'ai rêvé? Mais y sortaient tous de terre et y dansaient, les morts, je veux dire... alors j'ai pris une telle peur que je ne sais pus ce qu'est arrivé après. Vous le savez, vous, dites?

—Oui, je t'ai trouvé évanoui.

—Évanoui, comme le chat à la mère Nourrit quand La Seiche lui a fait faire le saut par dessus la maison? C'est-y drôle, c'tte affaire-là, bonnes gens!

—Comment s'appelait ta mère?

—Sais pas. Disez-le, vous!

—Moi? mais comment veux-tu que je le sache, mon pauvre petit? Était-elle une dame, une paysanne?

—Sais pas. Elle avait des mains comme les vôtres et une toute petite figure blanche comme vous. Allez, allez, faites donc pas la maline, si vous savez pas qui je suis, je sais bien, moi, qui vous êtes. Je vous ai reconnue aussitôt, car il y a longtemps que je vous connais et que je vous aime. Pourquoi que vous avez mis tant de temps à venir? Pas vrai que vous êtes la mère à Stylice? Hein, non? Eh! bien, alors, vous êtes la mienne!

—Héloïse, dit la jeune femme, effrayée et troublée à son tour, cet enfant a la fièvre. Vite, mettez des draps au petit lit de ma chambre, chauffez-le. Il faut le coucher au plus tôt.

Rapide, la servante quitta le salon, tandis que l'enfant, sa surexcitation tombée, succombait brusquement à la fatigue et s'endormait profondément.

Madame Brunier, les yeux fixés sur la flamme, s'absorbait dans une douloureuse rêverie. Qui était ce petit et quelles étranges paroles avait-il dites? Pourquoi, par deux fois, l'avait-il appelée de ce nom si cher qui avait fait bondir son coeur, qui lui rappelait si cruellement son bonheur à jamais disparu?

—Emportez-le, je n'en ai plus la force, et couchez-le; je suis brisée, dit-elle, quand Héloïse revint. Sans mot dire celle-ci l'enleva dans ses bras vigoureux.

La pauvre mère était restée à la même place, assise sur le tapis, devant le foyer ardent, regardant vaguement les tisons. Tout à coup une bûche se brisa et un charbon roula près d'elle. En le ramassant, elle aperçut un des petits sabots de Raymond, par terre. Elle le prit et se mit à rire, tandis que de grosses larmes tombaient sur ses mains. Ceci était vraiment bien extraordinaire. Le soir même elle se plaignait de n'avoir pas de soulier à remplir et il lui arrivait un sabot! Elle désirait un petit être à qui se dévouer, elle sortait, et elle trouvait un enfant sans mère qui l'appelait «maman», qui lui contait naïvement ses souffrances, qui lui disait qu'il l'attendait depuis longtemps, qu'il l'aimait! N'était-ce pas un rêve dont elle allait se réveiller plus triste et plus seule encore?

Non, non, ce n'était pas un rêve, ni la chimère appelée tantôt, c'était mieux: une tâche à accomplir, le bien à faire en souvenir de son enfant. Voilà le lien mystique et invisible enfin trouvé, réel, certes, plus réel que les choses qui se voient avec les yeux de la chair. Était-ce une consolation? Y en a-t-il pour les mères? Non, mais une douceur haute, sereine, pure.

Elle se leva, prit sur la table le couteau et le petit canon de cuivre, hésita un instant, enfin, bravement, après les avoir pressés sur ses lèvres, elle les glissa dans le sabot, puis, avec précaution, elle entra dans sa chambre.

Une lumière tremblotante brûlait dans une veilleuse de porcelaine. Mme Brunier ne vit rien, d'abord, que la couchette blanche, et, sur le coussin, une tête bouclée. Elle posa le sabot par terre, sous la chaise, où les habits de l'enfant avaient été soigneusement rangés, et allait se retirer lorsqu'elle aperçut une longue forme noire agenouillée au pied du lit. Elle retint un cri, recula brusquement, heurta la chaise. Au bruit, la forme se dressa et la servante, cherchant à dissimuler son pauvre visage bouleversé, rougi par les larmes, essaya de fuir en murmurant quelques mots confus; mais la jeune femme, résolument, lui barrait la porte. Elle souriait doucement et semblait dire: «Tu ne m'échapperas pas cette fois.»

—C'est que, si Madame savait... fit Héloïse qui tremblait et la regardait d'un air timide.

«Madame» ne répondit pas, mais ses yeux éloquents disaient qu'elle «savait» très bien, au contraire.

—Il a juste l'âge qu'aurait son enfant, mon petit-fils... dix ans! Il est blond et blanc comme il aurait été si Dieu avait permis qu'il vécut, comme elle était, elle, autrefois.

—...

—Et puis, Madame a-t-elle remarqué son nom?

—Quel nom?

—Raymond. Le sien, justement, celui de ma pauvre petite. N'est-ce pas extraordinaire?

—Il y a tant de Raymond et de Raymonde dans le pays.

—Oui, mais avec la ressemblance... C'est étonnant, tout de même. Si je n'avais pas vu le nouveau-né couché dans son cercueil, blanc comme un cierge...

—Quel rapport y a-t-il entre «ce misérable vaurien», comme vous disiez tout à l'heure, et...

—Ah! mais Madame n'a donc pas entendu? Ce n'est pas un vaurien, c'est le nourrisson de la Poupin. Tout le monde le connaît dans le pays: un enfant craintif et poli, au contraire, un pauvre petit souffre-douleur qui reçoit plus de coups que de morceaux de pain. On dit qu'il est le fils d'une pauvre jeune dame abandonnée...

—De la «graine à péché», sans doute...

—La Poupin répète à tout propos: «Qui veut de lui, je le lui donne!» Et elle l'a chassé, la sans-cœur! Dire que je ne l'avais jamais vu, moi! De quel appétit il mangeait l'oie, pauvre agneau! Riait-il de bon cœur, montrant ces jolies dents blanches! Et quelle petite voix flûtée, quel esprit: «Évanoui, comme le chat à la mère Nourrit?» Si ça ne fait pas pitié, tout de même, tant pâtir, si jeune...

—C'est le sort de bien des orphelins.

—Devrait-il y en avoir des orphelins, si Dieu était juste? Être seul au monde, à dix ans... C'est bon pour les vieux, cela! c'est bon pour moi, qui ai péché, mais ce petit, qu'a-t-il fait, je vous le demande?

Mme Brunier ne gardait plus la porte. Elle allait et venait dans la chambre, comme impatiente, tournant le dos à la vieille femme.

—Il se fait tard, Héloïse, dit-elle, il faut se coucher. Mais celle-ci ne l'entendait pas.

—Comment sera-t-il reçu demain matin? continuait-elle. On le battra pour lui apprendre à décamper.

—J'irai l'accompagner moi-même.

—Ce ne sera que partie remise et il ne perdra rien pour attendre. Dès que Madame aura viré les talons... Ah! si Madame voulait... mais non, c'est impossible...

—Pourtant, j'ai tout ce qu'il faut, le lit (celui de Raymonde) avec les draps et les couvertures... Les vêtements, je m'en charge. Quant à la nourriture, eh bien! je puis me passer de gages, j'ai bien assez gagné, comme cela, à presque rien faire depuis des années et des années...

La jeune femme ne répondit pas mais, se retournant soudain, elle ouvrit ses bras à la servante qui vint s'y jeter, éperdue.

—Ma maîtresse, ma maîtresse, disait-elle, Dieu vous le rende! C'est lui-même qui vous a envoyée vers nous. Car ceci est un vrai prodige, que vous soyez sortie juste à ce moment et allée juste à cet endroit. J'ai compris cela tout à l'heure, quand je suis entrée dans le salon et que j'ai vu l'enfant auprès du feu, si beau, si faible, si semblable à celui auquel je pense sans cesse et que j'ai tué, oui tué, moi, criminelle, en repoussant sa mère! J'ai senti un coup au coeur, comme si cette vieille machine qui a tant souffert se brisait au-dedans de moi. En même temps, quelque chose me disait: «Regarde, Héloïse, et cesse de douter, Dieu a entendu tes prières, il a pardonné tes fautes, il a pitié de ta solitude, il t'envoie cet être à aimer et à consoler.» Et j'étais là, comme une bête, n'osant bouger, ni souffler, craignant de faire disparaître la vision. Alors, vous m'avez dit: «emportez-le!» Quand je l'ai senti dans mes bras, en chair et en os, j'ai perdu la tête, je me suis mise à l'embrasser et à pleurer tout en le déshabillant. Il a soulevé ses paupières, a souri, pauvre ange, et s'est rendormi. Voyez comme il dort, maintenant. Il ne se doute pas du bien qu'il m'a fait. Vraiment, Madame avait raison, Dieu est bon et moi j'étais une vieille ingrate, une mauvaise incrédule. Ah! comme je vais l'élever, celui-là! J'en ferai un homme, suivant le Seigneur, je vous le promets. Il me fermera les yeux, je lui laisserai tout mon bien... Mais je cause, je cause et je m'oublie. Et le lait de poule de Madame, et le lit qui n'est pas bassiné!

Héloïse quitta vivement la chambre. En allant éteindre les lampes du salon, Mme Brunier s'aperçut que les contrevents de la porte-fenêtre n'étaient pas fermés. Elle l'ouvrit pour les tirer et s'arrêta sur le perron. La nuit de Noël s'achevait, sereine et belle. La mer, au bout de la longue avenue, était calme; la lune étendait sur les mystérieux abîmes sa large traînée de lumière, montrant l'infini: la vague discrète apportait à la grève un long éclair, resplendissant et pur comme un sourire après les larmes.

Décembre 1902.

JOYEUX NOËL

A Yvonne,

I

«Ton sourire infini m'est cher

Comme le divin pli des ondes,

Et je te crains quand tu me grondes

Comme la mer.»

SULLY PRUDHOMME.

(*Chanson de mer*).

Au bruit assourdissant du réveil, Nadine, brusquement arrachée à ses rêves, poussa un léger cri. Le coeur battant, elle saisit l'horrible instrument et le fourra sous son coussin pour le faire taire; là, elle le tint bien fort, comme on tient un animal méchant qui voudrait s'échapper. L'impitoyable son strident continua un instant, assourdi, étouffé, puis s'éteignit. Alors la jeune fille alluma sa lampe, regarda l'heure: cinq heures et demie. Il faut se lever, se dit-elle en étirant ses bras lourds de sommeil et en baillant. Sans s'attarder dans le lit chaud et douillet où il aurait fait si bon se recoucher, bravement elle sauta hors des couvertures et commença sa toilette.

C'est Noël,—pensait-elle en tordant ses beaux cheveux fauves devant la glace et plantant des épingles dans leur masse ondée, rebelle.—Je suis bien laide, aujourd'hui! J'ai mon teint de «perle malade», comme dit papa. S'il s'en aperçoit, il sera inquiet; mais il ne s'en apercevra peut-être pas. Et, lui excepté, qui donc y prendra garde? Je ne le verrai pas. Pourquoi aujourd'hui plutôt qu'un autre jour? Ne me suis-je pas mise, moi-même, volontairement en dehors de sa route? Et, si je le rencontrais, remarquerait-il ma pâleur? C'est à peine s'il me regarde, quand le hasard nous met en présence; et cela est si rare! Il prend à gauche quand je tourne à droite, et à droite quand je vais à gauche. Il me fuit, c'est certain; ma vue doit lui être odieuse...

Mais je me suis promis à moi-même d'être courageuse, et je le serai. Je n'ai pas le droit d'être triste. Joyeux Noël, Nadine, entends-tu? Joyeux Noël pour tous autour de toi: leur gaîté ne dépend-elle pas en partie de la tienne? D'ailleurs, les petites soeurs sont ici, les petites soeurs! et Jacques, ton Jacques: cela, certes, est de la joie, de la vraie! Peut-on avoir tout ce que l'on désire en ce monde? Oui, parfois, mais cela ne dure guère. J'ai eu ce moment de plein bonheur, quand maman était là, que nous étions tous réunis, qu'*il* venait sans cesse, qu'*il* m'aimait... Eh! bien, eh! bien, et ces résolutions? Voilà-t-il pas que je pleure? Bah! les plus belles journées ont bien leur rosée, le matin? Voyons, n'ai-je pas de hautes, de belles compensations? Je suis une ingrate: Père est si tendre! De quel ton ne me disait-il pas, hier, comme nous revenions de notre promenade quotidienne: «Les autres vont arriver, Nadine, mais, sache-le, à toi seule tu me suffis.» Quelle cruauté, quel égoïsme il eût fallu...

La jeune fille s'essuya les yeux, passa un chaud déshabillé de molleton blanc, et s'installa auprès de sa table pour coudre. Elle examinait dans tous les sens, l'une après l'autre, deux robes de fillettes, deux fraîches robes de mousseline. Il s'agissait de les allonger et de les élargir. Comment s'y prendre? Eh! tout simplement en défaisant les plis et déplaçant les crochets! Agnese, la femme de chambre, était trop occupée pour le faire; les «petites soeurs» n'avaient que leurs uniformes si laids, ou leurs vieux costumes bleus: or, il fallait qu'elles fussent belles, le soir, au dîner; leur père serait si content, si fier de leur bonne mine! A l'oeuvre! Et les doigts actifs se mirent à découdre.

Aussi, qui aurait cru qu'elles pousseraient et grossiraient tant que cela en trois mois, les chéries! C'était stupéfiant! Étaient-elles fatiguées, la veille, en arrivant de leur voyage, tout d'une traite depuis Florence! Elles s'endormaient à table comme les gros bébés, comme les chers poupons d'autrefois. Et quels progrès elles avaient fait en Italien! Le doux accent toscan prenait, en volant sur leurs lèvres pures, un charme particulier.

—Cette Maggie est vraiment étonnante pour ses treize ans, presque aussi grande que moi, et, avec cela, robuste, déjà ronde comme une petite caille! Mais Lucette est beaucoup plus frêle, hélas! On lui donnerait certainement moins que ses onze ans. Pourtant elle aussi a poussé; elle m'arrive à l'épaule, maintenant. Comme elle ressemble à maman avec son teint mat, ses cheveux noirs, et ses clairs yeux bleus si tendres! Pourvu que... Oh! qu'elle serait donc heureuse, si elle les voyait toutes les deux, la bien-aimée!

Nadine cousait. La haute lampe, voilée de soie rose, éclairait son front pensif, où deux petites raies fines commençaient à se creuser,—avivait ses paupières baissées, bordées de longs cils noirs, son visage d'un blanc lumineux, allongé, mince,—s'arrêtait sur le rouge vif de belles lèvres frémissantes de vie contenue, closes comme une fleur encore fermée, douces et tristes.

Six heures. Le pas lourd de la cuisinière se fait entendre à l'étage au-dessus; elle remue son lit; puis c'est le tour de la femme de chambre. Bien! Elles seront à l'ouvrage assez tôt ce matin, malgré leur rentrée tardive après la messe de minuit. Il le faut, la maison est pleine, et, ce soir, ce dîner... En y pensant, Nadine a comme une petite fièvre: si quelque chose allait être oublié, quelque plat manqué! «J'ai tout prévu, je crois, se dit-elle, mais papa invite toujours du monde au dernier moment et Perpétua est si journalière! Quelle désagréable surprise me réserve-t-elle? Voyons: la dinde truffée est superbe, le civet de lièvre sentait très bon, hier, déjà... Ces plis sont interminables... Pourvu que les huîtres arrivent à temps! Avec le légume et le pudding que je ferai ce sera, je crois, suffisant. Le sera-ce, vraiment? C'est peut-être un peu lourd, tout cela, mais papa tient à la dinde traditionnelle, Jacques aime beaucoup le civet et Perpétua le réussit bien; quant aux petites, un Noël sans pudding ne serait plus Noël. Et puis, nos invités sont tous de vieux amis indulgents. J'arrangerai bien la table avec les fleurs de la serre, du houx, des fruits... l'épicière a promis d'envoyer les bananes et les mandarines avant midi, par le courrier...

Sept heures, déjà? Heureusement l'ouvrage avance. Les «petites soeurs» ne tarderont pas à s'éveiller pour regarder dans leurs souliers. Vont-elles être contentes! Peut-être s'attendent-elles encore à des jouets; mais elles sont trop vieilles, vraiment; il faut commencer à les traiter en grandes filles. Les cols de broderie anglaise, enfin terminés, leur iront bien. Ces parures donnent un petit air propre et soigné, fort gentil.

La porte s'ouvre, et une belle fillette brune, les pieds nus, en chemise de nuit, se précipite dans la chambre.

—Merci, «Grande», dit-elle, sautant sur les genoux de sa soeur et l'étouffant dans ses bras. Juste, je désirais tant un bracelet! Et ce joli col! C'est la dernière mode, tu sais! J'en ai vu de tout pareils à la devanture d'un grand magasin, à Florence! Laisse donc ton travail! Est-ce que l'on coud, le jour de Noël! C'est défendu. Viens dans mon lit un moment, comme l'année dernière, nous bavarderons. Luce dort encore, naturellement! Pauvre mioche! elle est fatiguée du voyage, tu comprends!

—Alors il ne faut pas la réveiller. Reste chez moi, toi, au contraire, couche-toi. Je n'ai plus que deux points à faire et j'ai fini.

—Oh! tiens! justement la voilà, Mademoiselle! Enfin! Elle est réveillée! Retournons dans ma chambre.

Nadine prit en ses bras la frêle enfant qui arrivait, toute ensommeillée encore, pâle et grelottante, et se hâta de la rapporter dans sa couchette de cuivre. Maggie, déjà enfouie jusqu'au cou sous les couvertures, regardait sa «grande» de ses yeux brillants. Son petit nez en l'air, sa bouche malicieuse, tout son visage frétillait de santé, de vie.

—Ouvre les contrevents, dit-elle. Oh! qu'il fait bon chez nous! Comme on y dort bien! Tiens! Tu as fait mettre des rideaux neufs! Je n'avais pas remarqué cela, hier soir! Ces coquelicots roses sont très jolis, et comme ils vont bien avec la tapisserie! Qu'elle est gentille notre chambre! N'est-ce pas, Luce? Autre chose que le dortoir de la pension, avec ses odieux murs peints en gris qui ont l'air d'être faits en brouillard, et ces durs lits de fer, hein! Fait-il froid, dehors? Y a-t-il de la neige?

—Oui, sur les sommets, pas ici, dit la grande soeur en refermant la fenêtre.

—Quel malheur! Noël, sans neige, ce n'est plus ça.

—Qui veut déjeuner dans son lit?

—Moi!

—Moi!

—Bon! Je vous ai gardé un peu de la galette d'hier soir. Lucette, sonne pour qu'Agnese apporte le chocolat. Es-tu contente de ce que tu as trouvé dans ton soulier?

—Oh! si contente, Dine! Je venais exprès dans ta chambre pour te le dire, mais cette Maggie parle tout le temps! Imagine-toi, Marthe Baldès, tu sais, mon amie, a une gourmette presque pareille—pas si belle—et j'en avais tellement envie d'une, moi aussi! Comment fais-tu pour toujours deviner ce qui fait plaisir? Oh! je le sais: tu nous aimes! Nous les mettrons ce soir, les bracelets, dis, et aussi les cols?

—Oui.

—Quel bonheur d'être à «Paradiso»! Il me tardait tant que Noël arrivât! Il me semblait que jamais, jamais, ce moment ne viendrait. Tu feras un pudding, n'est-ce pas, Dine, comme les autres années, et nous t'aiderons?

—Oui, je vous ai attendues exprès.

—Moi, j'enlèverai les pépins des raisins secs, dit Maggie.

—Et moi, j'émietterai le pain anglais, reprit Luce. Nous le ferons ce matin?

—Ce matin.

—Avant le temple?

—Dès que vous serez prêtes.

—Nous le tournerons tous, tous, dit Maggie avec exaltation: Jacques, Agnese, Perpetua, papa, oui, même papa, je le lui porterai dans son cabinet.

—Et tu nous raconteras l'histoire «du petit raisin de Corinthe qui ne voulait pas être mangé?» supplia la toute petite.

—Si vous voulez.

—Mais, quand même, cette après-midi, nous aurons nos amies?

—Je l'espère, je les ai toutes invitées.

—Nous as-tu fait des «merveilles»?

—Oh! fi! la gourmande!

—Tu n'en as pas fait?—Et la figure de Lucé s'allongeait déjà.

—Mais oui, sois donc tranquille!

—Beaucoup?

—Une pyramide.

—Que tu es gentille!—La fillette, les yeux étincelants de plaisir, une petite lueur rose sur son fin visage, se mit à embrasser sa soeur à petits coups pressés, tantôt sur une joue, tantôt sur une autre.

—Tu ne sais pas, Nadine! s'écria Maggie, devenue grave subitement. J'ai eu un très grand chagrin. Je ne te l'ai pas écrit, parce que ça aurait été trop long à te raconter, et aussi pour ne pas te faire de la peine. Mais il faut que tu me promettes de ne le dire à personne, personne.

—Je te le promets.

—Surtout pas à Jacques.

—Tu peux te fier à moi.

—Jacques est trop moqueur. Eh bien! je suis brouillée avec Lola, ma grande amie. C'est une rapporteuse. Tu ne devinerais jamais ce qu'elle a fait. Elle a été dire à Madame que je la trouvais injuste. C'est vrai que je la trouve injuste, elle ne me donne jamais que des huit, quand même je sais mes leçons très bien, très bien, sans une seule faute; mais je l'avais dit à Lola en confidence, c'est très mal de le répéter.

—C'est une trahison, dit Luce, avec conviction.

—Et moi qui avais tant de confiance en elle! continua Maggie. C'était mon amie de coeur, tu sais, ma vraie amie. Je croyais que nous nous aimions pour toute la vie, et voilà, c'est fini! Cela m'a fait beaucoup, beaucoup de peine. Aussi, je ne veux plus jamais aimer personne que toi... et papa... et Jacques... et Daniel.

—Et moi? demanda la petite.

—Oh! toi, bien entendu! Toi, tu es un peu moi, tu es presque ma soeur jumelle. Et puis, après, maintenant c'est fini, je m'en moque. C'est Noël! c'est Noël! c'est Noël! Et, faisant une boule de son édredon, elle le lança dans le lit de Lucette. Celle-ci riposta en lui envoyant le sien. Nadine, qui allumait le feu préparé dans la cheminée, en reçut un sur la tête. La lampe posée près d'elle, sur le plancher, s'éteignit. La pâle lumière d'un matin d'hiver se répandit dans la chambre. Le feu ronflait.

—Attendez! dit la grande soeur. Je vais vous apprendre à me manquer de respect!—Et elle courut vers les lits. Mais là, plus personne! Les têtes mutines avaient disparu. Seulement, sous les couvertures de Maggie, il y avait quelque chose qui remuait, remuait... Nadine se mit à chatouiller dans le tas. Des cris étouffés s'entendaient, des coups de pied ébranlaient la cloison voisine. Enfin une tête apparut, rouge, ébouriffée, suivie d'une autre tête plus pâle, et les «petites soeurs» malades de rire, se pendirent au cou de la jeune fille qui les emporta en tournoyant.

—Pour un joyeux Noël, c'est un joyeux Noël! dit une grosse voix.

Aussitôt les fillettes glissent à terre, et comme deux souris peureuses qui regagnent leur trou, s'en vont chacune dans sa couchette.

—On frappe avant d'entrer! dit Maggie, furieuse d'être surprise ainsi.

—Vraiment? dit le grand frère, riant de son air de dignité offensée. Eh! bien, j'ai frappé, Mademoiselle, mais votre majesté faisait tant de tapage, qu'elle n'a pas entendu. Et puis, pour les quatres petits fuseaux maigres que j'ai entrevus, trottinant, ce n'est pas la peine de faire tant d'embarras! J'ai cru que le feu était à la maison, moi, ou que vous étiez assaillies par une bande de brigands! Qui donc tapait si fort à la muraille? Et avec quoi? Ce n'est pas possible que ce soit cette prude demoiselle? J'ai tout juste pris le temps de m'habiller à la hâte et d'accourir, pensant vous trouver massacrées. Mais, certes, je regrette mon bon mouvement. A l'avenir, on pourra bien vous égorger tout à son aise, sans que je m'en inquiète. J'aurais fort bien dormi encore une bonne heure sans votre tapage infernal. Vous me paierez ça, mes enfants! Toi, l'effrontée, je vais te mettre au haut de cette armoire; tu y resteras jusqu'à ce que tu demandes pardon; quant à toi, la mauviette, je me contenterai de te fourrer dans ma malle.

—Non! non! criaient les fillettes. Nadine, défends-nous!

—Voilà le déjeuner, dit la femme de chambre en entrant.

—Ah! merci, ma bonne Agnese! Justement je mourais de faim! Et Jacques, prenant une des tasses fumantes, fit mine de s'installer auprès du feu. Maggie oubliant tout, sauta hors du lit.

—Le gourmand! cria-t-elle, indignée. Nadine empêche-le! Je le dirai à Papa! C'est pour moi, pas pour toi!

La grande soeur rétablit l'ordre. Quand les enfants furent lavées, installées et en train de savourer leur chocolat, le jeune homme lui dit à voix basse:

—Je voudrais te parler le plus tôt possible.

—Qu'y a-t-il? demanda Nadine devenant subitement pâle.

—Je te le dirai. Où pourrai-je te voir seule?

—Viens avec moi dans le bois. Il faut que j'aille cueillir le houx pour ce soir: Je n'ai pas une minute à perdre aujourd'hui.

La jeune fille disparut et revint, l'instant d'après, vêtue d'une gentille robe de serge grise. Elle prit, en passant dans le vestibule, sa grande mante rouge dont elle rabattit le capuchon sur sa tête, de vieux gants, mit des socques, et, armée d'un sécateur, suivit son frère qui, impatient, nerveux, marchait devant elle.

Il se retourna à son approche.

«Qu'elle est belle!» se dit-il, frappé de sa grâce, comme chaque fois qu'il la revoyait après une absence. «Elle ne ressemble à personne...» Puis, tout haut:

—Dis-moi, où as-tu pêché tes yeux, Dine? Je n'en ai jamais vu de pareils; ils sont étonnants. D'abord, tu sais, leur couleur est très rare: ce gris.... indéfinissable ni bleu ni vert. Peut-être te viennent-ils, comme ton nom, de notre ancêtre Suédoise? Quand tu es rêveuse ou préoccupée ils se ternissent, deviennent pâles et froids comme un ciel du Nord: plus personne dedans. Mais lorsque tu y es... maintenant, tiens! c'est le soleil de midi sur la mer, le soleil du coeur de Nadine, qui éclaire tout autour de lui.

—Quand tu auras fini... dit tranquillement la soeur. Te souviens-tu de la couturière qui venait à la maison du temps de Maman, Angela? Elle disait de toi: «Ce Monsieur Jacques, quelle langue bien pendue il a!» Elle avait raison. Tu feras, certes, un bon avocat. Par malheur, je connais ces attendrissements-là: en général ils ne présagent rien de bon. Je ne sais pas si mes yeux sont beaux, *caro*[29], mais je sais qu'ils y voient, et très clair. Ils ont remarqué tout de suite, avant que tu ne m'aies rien dit, dès hier soir, que tu es préoccupé. Tu as beau rire et faire le fou, va, il y a là, sous cette formidable moustache à la Vercingétorix, le mauvais pli de quand tu avais fait une sottise, autrefois. Alors aussi, pour m'apaiser, tu m'appelais ta «zolie Dine». Allons, trêve aux préambules. Si tu as à m'apprendre quelque chose de désagréable, dépêche-toi; j'aime mieux ça.

Note 29: (retour) Cher.

—Tu as une manière de m'encourager!... Crois-moi si tu veux, mais il y a une chose singulière. Lorsque j'ai fait des folies et que je suis loin de toi, je sais bien, au fond, que je suis coupable, j'ai une conscience, comme tout le monde; seulement la morale courante est si indulgente, si facile! Je ne me trouve ni meilleur ni pire que les autres; je ne sens véritablement mes fautes que lorsque je te vois, que je rencontre ces yeux... eh bien! non, là, je n'en parlerai plus! Toutefois, j'ai le droit de dire qu'ils ont sur moi une étrange influence, une influence ridicule qui me vexe et que je ne puis pas secouer. Dis-moi, est-ce toi qui as mis cet écrin sur ma table, pour moi?

—Mais oui, dit la jeune fille, inquiète, cela ne t'a-t-il pas fait plaisir?

—Certainement...

—Tu as reconnu?...

—Oui, c'est la bague de Maman, celle qu'elle portait à la main droite, cette main si longue, si blanche avec ses ongles un peu bombés. Le rubis lançait de petits éclairs rouges quand elle cousait, le soir, à la lampe, tu t'en souviens?

—Certes! J'ai fait agrandir l'anneau pour toi. Il me semblait que tu serais content d'avoir ce souvenir.

—Reprends-le, je n'en suis pas digne.

—A ce compte-là, moi non plus je n'en suis pas digne, personne n'en est digne...

—Tu ne sais pas ce que tu dis. Entre toi et moi il y a un abîme. Comment va Papa? Son coeur?

—Bien, tant qu'il se ménage et qu'on le ménage.

—C'est-il vraiment un anévrisme?

—Oui. Les médecins l'affirment, tout au moins. La mort de maman en est la cause déterminante: il l'aimait tant! il ne lui faut aucune espèce d'émotion ni de fatigue; beaucoup de distractions. Ce n'est pas toujours commode à la campagne, tu comprends, quand nous sommes seuls. Heureusement qu'il a sa chère musique! Mais encore, n'en faudrait il pas abuser, surtout le soir: cela l'énervé et l'empêche de dormir. Le matin, nous faisons la correspondance, les comptes, un peu d'anglais: nous avons lu presque tout Shakespeare, cet hiver. L'après-midi, quand il fait beau et que mon malade est assez bien, nous allons tout lentement et en nous arrêtant souvent, jusque dans les bois, voir où en sont les coupes, ou nous longeons le torrent jusqu'à Totti; si Père est trop las, nous nous arrêtons à la première terrasse du jardin et nous regardons le soleil dorer les glaciers et se coucher derrière les Alpes assombries. Après dîner, je lui lis le Dante en italien, ou les tragiques grecs dans la traduction française de Leconte de Lisle, ou encore du Vigny, du Victor Hugo. Je tâche de ne pas trop massacrer de si grandes choses... Pauvre père... il faut voir alors son visage, il est vraiment transfiguré! Les livres médiocres lui sont odieux; il vit dans une atmosphère de douleur et de beauté qu'il serait criminel de troubler, ou domine l'image immatérielle de son unique amour.

Les jeunes gens étaient arrivés dans le petit bois de chênes touffus, non loin de la maison, où les houx, les fougères roussies, les ajoncs et les ronces s'enchevêtraient en un fouillis épais.

—Tu n'as pas l'intention de m'amener là? dit Jacques. Nous serions écorchés vifs!

—Fi! le citadin! Voici le sentier.

—Un sentier, cela? Allons, puisqu'il le faut! Drôle de confessionnal, tout de même!

—Le plus charmant et le plus discret de tous, *caro!* Regarde cette clairière, tout juste grande comme un boudoir. Pour tapis nous avons la mousse et les feuilles mortes brodées de givre; pour plafond, le ciel. Ces murs vivants nous séparent du monde et des hommes bien mieux que des parois de planches ou de briques. Qui donc songerait à venir nous chercher ici? Parle maintenant et n'oublie pas que le confesseur est celle qui prenait toujours ta défense, autrefois.

—Et qui se faisait punir pour les fautes que j'avais commises. Vois-tu, Dine, je n'aurais jamais dû te quitter. Loin de toi, je suis un autre homme; près de toi je reprends mon âme d'enfant, je redeviens celui que notre mère appelait son «petit tendre». Vous m'avez peut-être trop gâté, toutes les deux, trop aimé...

—Peut-on aimer trop?

—Qui sait? A certaines natures il faut la bonté; à d'autres, moins nobles, la férule. Je suis de celles-là. On devrait me fustiger comme un enfant coupable. Mais, voyons, fâche-toi, ne me regarde pas avec cet air confiant qui me désespère! Comment veux-tu que j'ose te dire... Ah! je suis un misérable!

Et Jacques, s'asseyant sur le tronc d'un chêne abattu cacha dans ses mains son visage angoissé.

—Un misérable, toi? Jamais je ne croirai cela. N'es-tu pas *son* enfant? dit la jeune fille, s'agenouillant auprès de son frère et prenant sa tête brûlante tout contre son épaule. Ne parle pas, je vais achever la confession: tu t'es de nouveau laissé entraîner, comme il y a six mois, tu as joué...

—Oui. Qui te l'a dit?

—Ton repentir. Tu as perdu et tu...

—C'est que j'avais besoin d'argent... Ah! si tu savais!

—Je ne veux pas savoir. Combien te faut-il?

—Mille francs seulement. J'en dois le double; mais Daniel, à qui je me suis adressé d'abord, m'a envoyé vingt-cinq louis, avec une semonce si dure, il est vrai, que j'ai été sur le point de tout lui retourner. J'ai pu emprunter les cinq autres cents francs à des camarades. Restent mille francs. Il faut que je les trouve à tout prix, aujourd'hui. C'est une dette de jeu, une dette d'honneur, tu comprends. Si demain, avant minuit, je ne l'ai pas payée, je suis déshonoré. Mille francs, ce n'est pas excessif, pourtant! Papa les retiendra sur ma part, plus tard. Mais je lui avais donné m'a parole que je ne jouerais plus; j'ai manqué à ma parole. Quelle confiance aura-t-il en moi, désormais? Quel mal ceci ne va-t-il pas lui faire! Ah! je n'ai pas le courage de lui porter ce coup! Tu lui parleras, toi, n'est-ce pas?

—J'arrangerai tout, ne crains rien. Lève-toi, maintenant et aide-moi à couper mon houx.

—Tu as du chagrin, Dine?

—Oui. Moi aussi je me fiais à tes promesses. Et Papa... Mais tu t'es dit tout ce que je pourrais te dire. A quoi serviraient les reproches! Regarde plutôt: le soleil a percé les nuages; il est entré dans le confessionnal; c'est le soleil de Noël, chéri; laisse-toi pénétrer par lui. Il te dira ce que je ne sais pas te dire, moi, qui n'ai jamais su te gronder. Si je le comprends bien, il parle de pardon, de courage, de vie nouvelle. Il dit: joyeux Noël à tous, oui, joyeux, malgré tout, malgré les fautes, les regrets, les déceptions, les séparations, les deuils, les tristesses: joyeux dans l'espérance divine, joyeux dans la force venue d'en haut et promise à ceux qui se repentent, aux hommes de bonne volonté. Garde la bague: c'est *elle* qui te la donne, maintenant: la pierre, couleur de ces graines, te rappellera notre confessionnal. Promets-moi seulement de la porter toujours et de la regarder quand viendra la tentation.

—Je te le promets.

—A l'oeuvre, à présent, paresseux! Vite, et ce houx! Papa doit être levé. Ecoute: n'est-ce pas la cloche du déjeuner qui sonne?

—Oui.

—Dépêchons-nous. Coupe donc les branches plus longues! Mets tes gants si tu crains de te piquer. Ah! voilà ce qui s'appelle un beau bouquet! C'est assez. Viens!

II

*« Je tiens ce qui m'est le plus cher, et je
ne serai pas le plus misérable des hommes
si je meurs vous ayant près de moi. »*

Sophocle.
(Oedipe à Colone.)

Frileusement blottie au flanc Sud de la montagne, entre un bois de chênes et une forêt de sapins, recouverte de lierre depuis sa base jusqu'aux fines colonnettes de son toit plat, Paradiso, la vieille maison héréditaire des Meydan, avait tout l'aspect d'un nid. Les larges allées de ses jardins montaient et descendaient autour d'elle, traversant les bosquets touffus, s'arrondissant en terrasses aux échappées sur la belle vallée vaudoise de ***. Ses fenêtres dont les vitres nettes, garnies de rideaux frais, scintillaient parmi les mouvantes et vertes draperies, attiraient, accueillantes, comme des regards amis. Un feu, où brûlait une énorme bûche de Noël, se reflétait dans la porte-fenêtre de la pièce du centre, la salle à manger, qui s'ouvrait sur un petit perron de pierre.

Auprès de la table servie, Monsieur Meydan dépouillait le courrier du matin en attendant ses enfants. C'était un homme d'une cinquantaine d'années, de taille moyenne, l'air bien plus jeune que son âge. D'épais cheveux blonds, à peine blanchissants, se retournaient en touffe sur un front large, où les soucis, la maladie et la douleur avaient creusé leurs profonds sillons. Des yeux très vifs encore, d'un bleu sombre, semblaient brûler sous des arcades sourcilières avancées. Son visage, d'une douceur presque féminine, avait des teintes de rose passée, avivées aux pommettes. Il était vêtu avec soin d'un coin de feu beige. De sa main amaigrie, il caressait une longue moustache, plus rousse que ses cheveux, bien plantée au-dessus d'une bouche fine et d'un menton ferme, fraîchement rasé.

Issu d'une vieille famille vaudoise ayant du bien, réfugiée jadis en Suède pendant les persécutions religieuses, il tenait de ces différentes origines les contradictions et le charme de sa nature d'artiste, ardente, impressionnable et tendre. Il terminait ses études à Rome lorsqu'il avait rencontré celle qui devait être l'unique amour de sa vie, sa femme, sa «Béatrice», ainsi qu'il l'appelait, belle comme un rêve de poète, aimante et douce, mais d'une santé délicate, et qui avait succombé, jeune encore, aux épreuves de ses trop nombreuses maternités. Avec elle, par elle et pour elle, il avait vécu dans sa maison natale dont elle avait fait un «paradis», au coeur d'un pays merveilleusement beau, n'ayant d'autre occupation que les soins à donner à son vaste domaine, l'étude de la musique, qu'il aimait passionnément et l'éducation de ses enfants dont il semblait être plutôt le frère aîné que le père...

Jacques entra le premier; et, le cœur battant, après avoir dit bonjour, attendit le regard de celui envers lequel il se sentait si coupable. Mais, absorbé par sa lecture, Monsieur Meydan répondit distraitement, sans lever la tête.

Nadine avait laissé sa mante et ses socques dans le vestibule. Toute blanche dans sa robe de laine claire, elle vint par derrière son père, se pencha et l'embrassa au front, comme elle faisait chaque matin «pour faire envoler les soucis».

—As-tu bien dormi, Père, as-tu souffert cette nuit?

«Père» ne remarqua pas l'anxiété inaccoutumée de cette phrase quotidienne, ni le léger tremblement de la voix.

—Bien, merci, dit-il. Tu es fraîche comme l'aube, tu sens l'air des bois, ma chérie. Et, repliant la lettre qu'il lisait, il tendit sa tasse à la jeune fille qui y versa le thé fumant. Le bonheur d'avoir mes enfants auprès de moi m'a véritablement ressuscité, au contraire. Je me sens léger et dispos, j'ai vingt ans ce matin. Quel bon Noël nous allons passer ensemble! Aussi bon que possible sans... Tiens, j'ai une lettre de Daniel, une lettre excellente. Il regrette de ne pouvoir venir, mais ses malades le retiennent. Il réussit merveilleusement, ce petit! Ah! c'est un cher garçon, un homme énergique, qui sait ce qu'il veut! Si tu marches aussi bien comme avocat que lui comme médecin, mon Jacques, je pourrai être fier de mes fils, je n'aurai pas tout-à-fait perdu ma vie. Et je ne parle pas de mes filles... Comme votre mère serait heureuse, mes enfants. Je veux être heureux pour elle et pour moi. Daniel vous envoie ses meilleurs baisers de Noël. Mais pourquoi les fillettes ne descendent-elles pas? Je ne vois pas leurs tasses...

—Elles étaient fatiguées du voyage; songe donc: huit heures de chemin de fer et cette montée, depuis Borena, qu'elles ont voulu faire à pied! Alors on leur a servi leur déjeuner au lit. Elles doivent s'habiller et ne vont pas tarder à venir t'embrasser.

—Ah! comme tu les gâtes! Mais voyons, qu'as-tu? Maintenant que je te regarde, il me semble que tu es pâle... Et Jacques... Vous avez tous deux très mauvaise mine, vous me trompez, il y a quelque chose. Luce, c'est Luce, n'est-ce pas?

—Pas le moins du monde, répondit Nadine, de cette voix calme qui avait tant d'empire sur le malade. Luce se porte à merveille. Jacques et moi avons été au bois, cueillir du houx pour ce soir et le froid nous a saisis. Il fait une de ces gelées!

—La voilà qui dissimule, elle, si droite, pensait son frère: c'est pour m'épargner. Mais, tout-à-l'heure, comment s'en tirera-t-elle? Pauvre Père, quel écroulement! Je suis un bandit!

La jeune fille étendait le beurre sur les tartines chaudes. Elle se disait avec angoisse: Il est impossible que je parle à Papa aujourd'hui. Par exception, il est paisible et heureux; comment avoir le coeur de le troubler? Quel changement dans ses traits, tout à l'heure, lorsqu'il a remarqué notre pâleur! Comme on sent qu'un rien pourrait amener la crise fatale! Elle serait d'autant plus violente, en ce moment, qu'il est plus confiant et plus tranquille.

—Qui aurons-nous à dîner? demanda Jacques, cherchant à rompre un silence pesant.

—Mon ancien camarade Malprat, avec sa femme, cette bonne Francesca; le pasteur Le Brun est malade, il ne viendra pas; Monsieur et Madame Porchano, nos aimables voisins des Cèdres; Madame Lelong, notre autre voisine, mais pas sa pimbêche de fille qui, heureusement, est absente. Je n'aime pas beaucoup cette femme, mais elle est veuve et isolée, je n'ai pas le courage de la laisser seule, un soir de Noël. Enfin, l'indispensable et cher Calvetti, sans lequel je ne conçois pas un dîner à la maison. Tous, sauf Madame Lelong, de vieilles connaissances, tu vois. Si j'ai bien compté, cela fait six, onze avec nous cinq.

—Onze! La table ne sera pas jolie, il manque une personne, répondit Jacques, pour dire quelque chose. Et puis, l'élément «vieille connaissance» quoique très appréciable, domine un peu trop. Il faudrait, il me semble, un peu de jeunesse. Pourquoi n'as-tu pas invité Georges Melville? Il y a si longtemps que je ne l'ai vu! Je serais bien aise de le retrouver.

—C'est que...

—N'est-il plus ton médecin?

—Non.

—Comment, il n'est pas venu en consultation, quand tu as été si malade?

Nadine s'était levée brusquement.

—Tu t'en vas? demanda le père.

—Je vais voir les petites, dit-elle sans se retourner.

—Qu'y a-t-il? demanda Jacques, très intrigué, lorsqu'elle eut disparu. Pourquoi ces réticences, ces airs mystérieux à propos de cet ami d'enfance, de cet ami de toujours? Daniel s'est-il fâché avec lui? Ils étaient si liés autrefois; ils ne pouvaient vivre l'un sans l'autre, au point que quand ils faisaient leurs études ensemble à Rome, on les appelait les frères Siamois. Il n'est pas possible qu'ils se soient brouillés. Après cela, Daniel... il est parfait, j'en conviens, mais, raide parfois, aussi. Pourtant, je ne peux le croire... Et puis, enfin, que diable! ce ne serait pas une raison suffisante: il n'y a pas que Daniel, ici. Du temps de Maman, Georges venait journellement à la maison, il faisait partie de la famille. Et maintenant, éclipse totale du Monsieur? C'est extraordinaire.

—Il a été en Allemagne pendant près d'un an. Puis il a perdu son père.

—C'est vrai; mais maintenant il est de retour et son deuil touche à sa fin. Rien ne t'empêche plus de l'inviter.

—..................................

—Tu vois bien, il y a quelque chose. Quoi?

—Rien. Ou plutôt il avait des idées... Figure-toi qu'il s'était épris de ta soeur et voulait l'épouser.

—Tu appelles cela des idées? Si quelque chose est naturel, logique même, c'est ça. Ils semblent faits l'un pour l'autre. Melville est un charmant garçon, et sérieux, et plein d'avenir! Nadine ne pouvait trouver mieux, ni lui non plus. Elle n'a pas été assez folle pour refuser, j'espère? Je ne le lui pardonnerais pas.

—C'est ce qui te trompe, mon cher: elle l'a refusé, bel et bien. Si «charmant» qu'il te semble, il ne lui plaisait pas, sans doute. J'ai laissé ta soeur entièrement libre, tu comprends. C'était il y a deux ans, un peu avant Noël. Ton phénix finissait son internat. J'étais très souffrant, je me souviens, le jour où j'ai reçu sa lettre. Et puis, naturellement, elle m'avait bouleversé: on a beau élever ses enfants pour eux, non pour soi, on a beau se préparer au sacrifice, se répéter que sa fille est grande et qu'elle pourra vous être enlevée d'un moment à l'autre, le coup est rude tout de même.

—Que faut-il répondre? ai-je demandé à ta soeur.

—Ceci, a-t-elle dit aussitôt, sans l'ombre d'une hésitation: «Ma fille est de beaucoup trop jeune pour se marier.» Et, séance tenante, sous mes yeux, elle a écrit la lettre, car j'étais trop faible pour le faire moi-même. Peut-on rien trouver de plus net, de plus précis, et, à la fois, de plus délicat que cette simple phrase? Cette enfant a un esprit, un coeur! Cependant Melville nous a gardé rancune. A son retour d'Allemagne, quand, après avoir soutenu sa thèse, il est venu prendre la clientèle de son père à Borena, il a négligé devenir nous voir. Il réussit fort bien, dit-on. Je le rencontre quelquefois en ville ou dans la montagne quand il fait ses tournées. Nous nous saluons, et c'est tout. Je ne lui en veux pas.

—Trop jeune! elle avait vingt ans! C'est l'âge, au contraire, ou jamais!—allait dire le jeune homme, mais il se tut. Brusquement il se souvenait des vacances de Noël de cette année-là, si assombries par il ne savait quel malaise mystérieux: son frère qui boudait visiblement et donnait de mauvais prétextes pour ne pas venir; Georges, subitement parti pour l'Allemagne, par raison de santé, disait-on; Monsieur Meydan, joyeux comme un homme qui vient d'échapper à un grand danger; enfin, et surtout, Nadine, si différente d'elle-même, triste lorsqu'elle ne se croyait pas observée, d'une gaîté exagérée devant le monde. Et maintenant, ce trouble, ce brusque départ, à ce nom...

—Elle l'aime! pensait-il. Elle s'est sacrifiée. Papa ne voit rien, ou... mais ce serait d'un égoïsme monstrueux!

Le déjeuner était fini. Monsieur Meydan, les pieds tournés vers le feu, lisait son journal. Jacques se leva et courut à la chambre de sa soeur. Il frappa, on ne répondit pas. Il tâcha d'ouvrir la porte: elle était fermée à clef.

—C'est cela, je ne me suis pas trompé! Ah! l'héroïque chérie! Que faire, mais que faire? Je donnerais ma vie pour elle... et la savoir ainsi malheureuse...

Nadine, à genoux devant son lit défait, cachait sa tête dans le coussin pour étouffer les sanglots qui ne voulaient pas s'arrêter. Son coeur vaillant, où tant de tristesses s'accumulaient en silence, éclatait enfin. Ce nom si cher, prononcé à ce moment-là, c'était trop. Elle pleurait toutes les larmes que, depuis si longtemps, sans cesse, elle refoulait au fond d'elle-même. Sa force faiblissait subitement; tout lui échappait à la fois. Sa tâche lui semblait manquée, son sacrifice, inutile. Pourquoi avait-elle fait taire son coeur et blessé à jamais cet ami toujours chéri en secret? Pour donner à ce père malade le calme, la paix qu'il lui fallait à tout prix; pour rester auprès de lui et continuer l'oeuvre inachevée, léguée par la chère morte. Or, voici cette paix, ce calme compromis, et avec quelle légèreté, par son frère. Son travail de persuasion, si délicat auprès de lui, avait donc été vain aussi, son influence, nulle!

—J'ai sans doute été lâche, je ne l'ai pas assez grondé, pensait-elle. C'est que Père, quand il se fâche, dépasse toujours la mesure; alors, pour la rétablir... Je ne voudrais pas le rebuter, mon pauvre Jacques! Si on le décourage, je le connais, il ne luttera plus et se perdra tout à fait. Il est faible, étourdi, léger; pourtant son coeur est droit et bon. Il est toujours si repentant! Je ne sais pas, moi, diriger un garçon de cet âge, un homme, déjà! Tant de choses en lui m'échappent! Il n'a que deux ans de moins que moi, après tout! Je ne suis pas sa mère, mais sa soeur, sa camarade. Je ne puis que l'aimer!

Encore si Daniel m'aidait, lui, l'aîné, lui, si intelligent, si fort! Mais il ne peut comprendre les faiblesses des autres; il est trop sévère, aussi; il a des mots cruels qui font d'inguérissables blessures. Et puis, je le sens, il m'en veut d'avoir refusé son ami. Il ne m'écrit pas, il fuit la maison. Il aime tant Georges! Il avait rêvé d'en faire son frère: la déception est grande, je le devine. —Ah! comme je l'adore, pour cette admirable fidélité! Impossible, pourtant, de lui expliquer les choses; il n'admettrait pas mes raisons. Je connais sa logique inflexible: «Un père n'a pas le droit de sacrifier son enfant; avant toute chose, une fille doit suivre la loi de la nature, qui est de se marier, de fonder, à son tour, une famille.» Tout de suite, j'en suis sûre, il avertirait Georges, parlerait à papa, dévoilerait le cher, le douloureux secret, si difficilement gardé. A quoi cela servirait il d'avoir tant combattu, tant souffert!

Ai-je eu tort de refuser le bonheur? Pourquoi l'ai-je fait si brutalement? Ne pouvais-je laisser une porte ouverte à l'espérance? Mais Père, ce jour-là, était si malade, si mortellement inquiet! Je revois sa figure anxieuse: comme elle s'est subitement illuminée, quand je lui ai répondu! A ce moment-là, le sacrifice a été facile. Mais ce «de beaucoup trop jeune» qui l'a comblé de joie, qui lui semblait tout naturel (ne suis-je pas toujours une gamine à ses yeux?) a dû paraître à Georges le plus grossier des prétextes. Ah! je suis habile à faire souffrir, moi, quand je m'en mêle! Ma main est sûre contre moi-même. Il fallait...

Mais que fallait-il?

La jeune fille se leva et prit sur la cheminée une petite photographie jaunie, pâlie, presque effacée, dans un cadre de soie ancienne.

Que fallait-il faire? Explique-le-moi, toi? Ne m'as-tu pas dit, en me les montrant tous: «Sois leur mère?» J'ai promis. Une mère n'abandonne pas ses enfants. J'ai tenu ma promesse; mais, maintenant, je suis lâche, tu vois. Quand saurai-je, à ton exemple, renoncer absolument à moi même? Mon Dieu, aide-moi, toi seul le peux!

Ah! ce «moi» qui revient sans cesse, qui veut être heureux à tout prix! Lasse de toujours donner, j'ai soif de recevoir à mon tour. J'ai tant besoin de conseil et d'appui! Je suis jeune, inexpérimentée. Et puis, je voudrais vivre moi aussi, être heureuse! Mais c'est fini: pardonne-moi, Maman; va, je serai forte encore. Seulement, que faire en ce moment? Ne rien dire à Père? Et ces mille francs où les trouverai-je?... Ah!

La brave enfant posa vivement le cadre sur la cheminée, courut à son secrétaire, l'ouvrit, y prit une enveloppe sur laquelle il y avait écrit: «Pour le portrait de Maman». Depuis la mort de sa mère, quatre ans bientôt, elle ajoutait à ses petites économies de maîtresse de maison tout l'argent que son père lui donnait pour ses menus plaisirs. Elle compta les dix billets de cent francs; ils y étaient, de la veille. C'était ce que demandait le peintre en renom, Bordinato, pour le pastel de Madame Meydan. Il avait fait la connaissance de la mère et de la fille à B***, dans les montagnes, où la pauvre femme prenait les eaux avant sa mort. Ils demeuraient dans le même hôtel. Le peintre se montrait plein d'attentions pour la malade. Nadine lui avait écrit et venait de recevoir la réponse. Oui, il se souvenait fort bien de la gracieuse femme aux grands yeux bleus si tristes, qu'il avait tant admirée, dont il avait pris, sans qu'elle s'en aperçut, maints croquis, dont il revoyait encore la fine carnation blanche, les lourds cheveux sombres, l'expression de lassitude et d'exquise douceur. Aidé de tous ses souvenirs et de la photographie passée, il essaierait de faire revivre les traits aimés...

La jeune fille voyait déjà le médaillon dans le boudoir que sa mère affectionnait, au-dessus du vieux secrétaire orné de cuivre où elle écrivait, jadis. Le tendre regard la suivait, l'encourageait. Que son père serait ému et doucement joyeux en l'apercevant! Ne déplorait-il pas sans cesse de n'avoir pas un bon portrait de la chère morte?

La «grande» ferma l'enveloppe, et, jetant un dernier coup d'oeil sur l'image pâlie, où les yeux devenus blancs, avaient perdu toute expression:

—Tu m'approuves, je le sais, dit-elle à haute voix. Ton souvenir est en moi; et là, il ne s'altèrera jamais!

Rapidement, elle descendit l'escalier, mit l'enveloppe dans la poche extérieure du pardessus de son frère, bien à portée de sa main, sous ses gants, puis, calme, entra dans l'office où «des petites soeurs» impatientes, un grand tablier de cuisine noué autour de la taille, la bavette piquée au corsage, les manches relevées, les cheveux attachés en chignon, l'attendaient pour faire le pudding.

III

«De stériles succès notre journée est pleine.»

SULLY   PRUDHOMME.
(Le temps perdu.)

—«Vive Noël, je ne serai pas mangé!» s'écria le petit raisin de Corinthe. Et il se mit à brûler joyeusement dans le rhum enflammé, où il devint un charbon noir, de la grosseur d'un pois chiche».

Nadine tourne avec peine la dure pâte dans le saladier de faïence. Les «petites soeurs», le nez en l'air, leurs cheveux bruns et leurs bras maigres poudrés de farine, l'écoutent attentivement. D'avoir enlevé les pépins à tant de raisins secs dont plus d'un a changé de destination en route, leurs joues et leurs doigts sont tout poisseux; d'avoir tant travaillé, elles sont fatiguées et soupirent.

La porte s'ouvre:

—Tu arrives à point, s'écrie Maggie; l'histoire est finie et le pudding aussi. Nous t'attendions pour le remuer, il ne manquait plus que toi.

—Laisse moi, dit Jacques.

—Mais non, mais non, tu n'y échapperas pas, toi non plus! Il serait manqué! Tu sais bien, pour qu'un pudding de Noël soit bon, il faut que tout le monde y ait travaillé, c'est «Miss» qui le disait. Sens comme il sent bon! Il sent le rhum! Et ces petits morceaux verts, c'est du cédrat!

—J'ai la migraine; et puis il faut que je sorte. Nadine, viens, j'ai à te parler.

Il était très pâle et ses lèvres avaient de petits mouvements convulsifs. Quand ils furent seuls:

—Je ne puis pas accepter, dit-il, en tendant l'enveloppe à sa soeur. Je préférerais subir la pire des réprimandes, recevoir des coups, être chassé de la maison, tout, plutôt que cela! Comment as-tu pu croire que j'aurais le coeur...

—Je te comprends, mais il le faut.

—J'aimerais mieux en finir tout de suite, me tuer comme un chien...

—C'est possible. Mais avant toi il y a Père.

—Jamais, jamais, je ne consentirai...

—Ne dis pas de folies. Va te promener. Réfléchis. Accepte: *elle* te l'ordonnerait.

Sans répondre, Jacques quitta la chambre. Sa soeur le vit traverser la cour et se diriger vers l'écurie. Un moment après il reparaissait à cheval. Elle ouvrit la fenêtre:

—Reviendras-tu pour déjeuner?

—Je ne sais pas. Si je ne suis pas de retour, excuse-moi.

—Oui.

Et il partit.

Lorsque, vers midi, Nadine et ses soeurs descendaient du break qui les ramenait du temple, la grosse Perpetua accourut, toute rouge:

—Signora, signora, le courrier a porté les bananes et les mandarines, mais pas les huîtres. Comment allons-nous faire maintenant? Monsieur Jacques a pris la jument, et Monsieur défend que le cheval aille en ville deux fois de suite. Il faut une bonne heure pour aller à pied à Borena, un peu plus pour en revenir. Il est midi moins dix: or, après déjeûner, personne n'aura le temps... Povere, nous sommes bien!

—Vous reste-t-il des truffes blanches?

—Quelques-unes.

—Faites un risotto aux truffes.

—Un risotto! pour un grand dîner? Dieu du ciel, cela ne s'est jamais vu! C'est bon quand on est seul!

—Oh! un dîner d'intimes! Ces messieurs l'aiment tous, je le sais, et ces dames trouveront que vous le faites fort bien. Vous verrez qu'elles m'en demanderont la recette.

—La signorina en parle à son aise! Que la Madone dessèche ma langue dans mon palais si je sais avec quoi je le ferai crever.

—N'avez-vous pas du bouillon?

—Basta! bien sûr que j'en ai, mais tout juste pour le potage de tout ce monde, sans compter ceux, que Monsieur va toujours chercher au dernier moment.

—Ajoutez du liebig.

—Du liebig! par santa Perpetua, ma patrone, ce serait du propre! Avec un peu d'eau tiède, n'est-ce pas, comme à l'auberge de la Serafita? Non, non, je ne suis pas une cuisinière à liebig, moi!

—Eh bien! faites comme vous pourrez, ma pauvre fille, débrouillez-vous!

—Nadine! criait au même instant Lucette, qui accourait tout en larmes, Nadine! regarde mon bracelet, il est brisé! Maggie, la méchante, l'a tiré très fort et l'a démoli!

—Je ne l'ai pas tiré fort du tout, Mademoiselle, dit celle-ci qui la suivait, rouge comme un petit coq.

—Si, Mademoiselle, vous l'avez tiré très fort; la preuve, c'est que vous l'avez cassé.

—Il était cassé avant, ce n'est pas ma faute, je l'ai à peine touché.

—C'est pas vrai, et même vous l'avez fait exprès, j'en suis sûre. Je piétinerai le vôtre!

—Si tu approches ta main... tu verras ce qui t'arrivera. D'abord, je te giflerai et puis je jetterai ton joli plumier neuf au feu.

—Tu es une vilaine!

—Et toi, une rapporteuse!

La grande soeur eut de la peine à les calmer.

—Comment, un jour de Noël, se battre! c'est bien mal! grondait-elle doucement. Maggie, tu me fais beaucoup de chagrin!

Elle promit à Lucette de faire arranger le bijou, et, en attendant, lui prêta une de ses bagues. La petite était repentante; l'autre boudait.

La jeune fille regarda la pendule: midi et quart!

—Il faudrait vite déjeuner. Maggie, va dire à Agnese de venir mettre le couvert. Vos amies arrivent vers deux heures; il faut, avant, que l'on ait mangé à la cuisine et que la salle à manger soit débarrassée.

L'enfant revint.

—Agnese dit qu'elle n'est pas prête. Elle veut, d'abord, finir les chambres. Elle grogne et prétend qu'elle a plus d'ouvrage qu'elle ne peut en faire aujourd'hui.

—Je l'ai pourtant fait aider.

Nadine allait sonner pour faire venir l'insolente et la forcer à obéir, mais elle se contint. La femme de chambre avait mauvais caractère, c'était vrai; pourtant, au fond, elle était dévouée et honnête. Comme la cuisinière, elle avait été choisie et dressée par Mme Meydan; cela seul leur donnait à toutes les deux une grande valeur aux yeux de la jeune maîtresse de maison. Et puis, dans ce coin perdu de montagne, il était si difficile d'avoir de bonnes servantes! Toutes voulaient s'en aller en ville pour gagner davantage. De plus,

M. Meydan était accoutumé à leurs soins; ne valait-il pas mieux supporter quelque chose que de l'exposer à être moins bien servi? Les domestiques sentaient tout cela et en abusaient.

—Bon! fit la grande soeur. C'est moi qui mettrai le couvert. Enfants, venez m'aider!

—Pourquoi Jacques n'est-il pas là? demanda le père en se mettant à table.

—Il avait des courses à faire en ville.

—Ne pouvait-il s'y prendre plus tôt ou les faire cette après-midi? Il a flâné toute la matinée dans la maison. C'est singulier que, sur quatre repas qu'il peut prendre avec nous, il en escamote un. Ne doit-il pas repartir demain soir?

—Oui.

—Ce procédé-là est inqualifiable. On avertit, au moins!

M. Meydan se tut. Il était très froissé. Le repas fut maussade, malgré les efforts que fit Nadine pour l'animer. Lucette pensait à son beau bracelet cassé; elle avait envie de pleurer; Maggie boudait toujours. Agnese, qui servait, avait une figure renfrognée.

«Pour un joyeux Noël, c'est un joyeux Noël!» pensa la jeune fille, se souvenant des paroles de son frère, le matin.

IV

*«Reste là, ô mon âme! suspendue comme
un fruit, jusqu'à ce que l'arbre meure.»*

SHAKESPEARE.
(Cymbeline.)

Comme on s'amuse! La maison est au pillage. Les «petites soeurs» et leurs amies «font» des charades. Nadine a mis à leur disposition, pour s'habiller, la grande chambre de débarras du second, où, depuis des années, s'entassent dans des caisses et dans des cartons, les vieux habits et les chapeaux démodés de la famille. Aussi, quelles trouvailles! quelles résurrections de choses oubliées! Monsieur Meydan a ouvert la porte de son cabinet pour voir passer les «actrices». La contrariété du déjeuner est oubliée; il rit de leurs inventions cocasses. La grande soeur les aide à se déguiser, leur donne des idées, puis elle descend bien vite, contenir, distraire les «spectatrices», impatientées d'attendre. Dans leurs longues robes de dame où elles s'entravent, avec leurs cheveux relevés en chignon, sous la voilette trop serrée qui se colle à leurs nez enfantins et accroche leurs cils, elles sont adorables, les fillettes. Elles ont, à la fois, les attitudes, le parler de vraies dames, avec des idées d'enfant d'une exquise naïveté. Maggie a découvert un vieux costume de Jacques, abandonné depuis des années au fond d'une malle. Toutes en même temps veulent être «d'homme». A l'aide d'un bouchon brûlé elles se font des moustaches et prennent une grosse voix, une démarche martiale. Mais, quoi qu'elles fassent, leur tournure, déjà féminine, prête une grâce étrange au vilain vêtement raide; leur bouche paraît plus fraîche et plus pure sous l'horrible trait noir qui la dépare..

Une mignonne blonde, déguisée en mariée, vêtue d'une longue robe blanche, un rideau sur le visage en guise de voile, passe, modeste, les yeux baissés, donnant le bras à un turc à turban, drapé dans un tapis de table. Un petit mitron, en bonnet de papier, vient timidement embrasser Monsieur Meydan. C'est Lucette. Qu'elle est drôle ainsi!

Puis, le goûter dans la salle à manger, la montagne de merveilles empilées sur un plat, le chocolat mousseux. On va chercher Papa pour qu'il prenne sa part des bonnes choses. Il ne mange pas, mais s'égaie des vives saillies qui partent comme des fusées, des yeux brillants, des joues roses. Nadine, debout, remplit les tasses, fait passer les merveilles, pense à tout. Sa bouche, si fraîche dans son beau visage pâle, a un petit sourire contraint, nerveux. Ses yeux gris n'ont pas de rayons. Son rire sonne faux; sa voix, parfois, se brise. Il y a, en elle, quelque chose d'absent et de douloureux que son père lui a déjà vu sans y prendre garde, et qui le frappe, en ce moment, pour la première fois. Il l'observe attentivement.

—Pourquoi Jacques ne rentre-t-il pas? se demande-t-elle avec angoisse.

Enfin les «amies» sont parties. L'heure du dîner approche. La jeune maîtresse de maison jette un dernier coup d'œil à la table. Oui, c'est bien. Sous le grand lustre ancien d'où vingt bougies envoient leur joyeuse lumière, une énorme touffe de gui est suspendue. Ses petites boules blanches, ainsi éclairées, ont l'air de perles fines. Dans le grand surtout d'argent du milieu, les cyclamens et les fougères de la serre se mêlent avec grâce. Les cristaux étincellent. L'argenterie de vieille maison bourgeoise, soignée de mère en fille, étale son luxe solide sur le beau linge damassé très blanc, à côté de la porcelaine à filets dorés. Une guirlande de houx, qui court tout autour de la table, relève par le ton vif de ses baies et le vert sombre et lustré de ses feuilles, toutes ces blancheurs. Des menus, peints par la jeune fille dans les longues journées d'automne où elle était seule avec son père, prouveront aux convives qu'elle a pensé à eux bien longtemps à l'avance. Le feu brûle clair dans la grande cheminée: tout a un air confortable et accueillant. Un tour à la cuisine, puis vite les «petites sœurs».

Elles s'habillent en bavardant, encore toutes vibrantes de plaisir. Nadine arrive à temps pour «faire le nœud» du ruban qui attache leurs longs cheveux bruns démêlés avec peine, et pour mettre les robes blanches. Elles vont très bien, les cols aussi. Que les petites chéries sont gentilles ainsi! Les yeux de Maggie brillent, son teint est animé. Lucette a «très chaud»; elle plaque les paumes de ses mains fraîches sur ses joues à peine teintées de rose; ses yeux, profonds et doux, s'attachent à ceux de la grande sœur qui l'embrasse tendrement puisant un peu de force dans ce regard, si semblable à un autre regard aimé. Elle est horriblement lasse; elle a peine à se tenir debout. Comme il serait bon de se coucher, de mettre sa tête lourde et brûlante sur l'oreiller frais! Non pour dormir, cependant, elle est trop inquiète. Jacques n'est pas encore rentré, où peut-il bien être allé? Il avait l'air si désespéré! Pourvu, mon Dieu!... mais non, c'est une crainte insensée! Que, cette après-midi a été interminable!

Un coup de sonnette à la grille: est-ce lui? Nadine court à la fenêtre. Oui, Dieu soit loué, c'est lui. Elle reconnaît le pas de la jument sur le gravier. Voici, près du bassin, la haute silhouette d'un homme à cheval. Mais se trompe-t-elle? on dirait qu'il n'est pas seul! Une autre silhouette se détache de la première, au détour de l'allée. Qui peut être ce second cavalier? Serait-ce, déjà, un convive? Il n'est que six heures vingt, le dîner est pour sept heures et demie. Ce buste long et mince... mais c'est sans doute celui de «d'ami Calvetti»! Comme il demeure très loin, il arrive toujours trop tôt, pour ne pas être en retard. Jacques l'aura rencontré en chemin.

—Comment, Dine, s'écrie celui-ci en entrant, tu n'es pas prête! Il y a du monde au salon, descends vite! Je m'habille en deux temps, trois mouvements, et je te rejoins.

La jeune fille se précipite dans sa chambre. Elle n'a pas le temps de changer de robe. Ah! tant pis! Elle brosse ses cheveux, se lave les mains, met un col de dentelle sur son corsage qu'elle ouvre un peu, pique une rose, se regarde:—«J'ai déjà l'air de ce que je serai bientôt, une vieille fille», se dit-elle en riant, et rapidement, elle descend. Elle entre dans le salon, mais, soudain, s'arrête, les jambes cassées, tout le sang de ses veines refluant vers son coeur. D'un air égaré, elle le regarde venir: car c'est bien lui, elle ne rêve pas, c'est bien ce visage brun dont chaque trait semble gravé au fond d'elle-même, sa taille élevée, un peu inclinée en avant. Pourquoi est-il si pâle? Il plonge dans ses yeux ce regard direct, inquisiteur, qui pénétrait, jadis, jusqu'en ses plus intimes pensées.

«Qu'est-ce que cette mauvaise plaisanterie», songe-t-elle. «Je n'avais pas besoin de cette épreuve, aujourd'hui, par surcroît».

—C'est Jacques qui a voulu que je vienne, dit la voix aimée, assourdie, en ce moment, par une suprême angoisse. Il prétend—il se trompe, n'est-ce pas?—il dit qu'il y a un malentendu entre nous, que, si vous n'avez pas voulu de moi, il y a deux ans, ce n'était pas, c'était... par devoir, par dévouement; que si vous aviez été libre... On croit facilement ce que l'on espère; je n'ai pas pu résister au désir de venir savoir si c'est vrai. Pardonnez-moi!

Nadine n'entend plus rien. Une joie surhumaine l'envahit toute, brisant ses dernières forces, brouillant le contour des choses, l'emportant dans un tourbillon de fidélité. Elle va tomber, mais un bras vigoureux la retient. Elle laisse aller sa tête sur une chère épaule. Aussitôt, quel repos invraisemblable, divin, succédant à tant de tourments! Quelle sécurité délicieuse après tant d'inquiétudes, quelle douceur, quelle paix!

—Alors, c'est vrai? demande-t-il très bas, en se penchant sur le blanc visage adoré.

—Oui...

Il se baisse encore davantage: tout semble aboli sauf eux-mêmes et la minute présente qui contient l'éternité. On marche dans le corridor... Ils se séparent, tremblants comme des coupables, ivres, véritablement ivres de bonheur.

—Mais, alors, je ne comprends pas... pourquoi ce «de beaucoup trop jeune» qui m'a tant fait souffrir?

—J'avais promis... vous vous souvenez...

—De ne pas abandonner votre père? Je savais cela. Je vous aurais comprise et approuvée Pourquoi ne disiez-vous pas, tout simplement...

—Que je vous aimais, que je me sacrifiais à Père, à sa santé, à son bonheur? Non! D'abord, aurait-il accepté? Et puis, il était si malade, ce jour-là! Je le voyais si mortellement inquiet! Il fallait le rassurer, à tout prix, entièrement, lui donner le repos d'esprit qui, pour lui, à ce moment-là, était la vie même.

—Vous avez raison; j'aurais dû deviner, m'informer auprès de vous, avant. Mais j'étais affolé; on m'avait dit que vous aviez été demandée en mariage; j'ai craint qu'on ne vous prît à moi. Encore, si j'avais été sûr que vous m'aimiez! Je croyais bien l'avoir lu dans vos yeux, mais jamais vos lèvres ne me l'avaient dit. On doute toujours quand on aime vraiment, vous le savez. Je pouvais m'être trompé, avoir pris mes désirs pour la réalité. Si j'allais vous retrouver mariée ou fiancée! Sans réflexion, j'ai écrit. La réponse, de votre main, catégorique et nette comme un coup de couteau, a tranché toutes mes espérances. J'ai cru que vous ne vouliez pas de moi, que vous aviez pris cet invraisemblable prétexte pour me repousser.

—Un coup de couteau, c'est bien cela. Mais c'était ma vie qu'il détachait de moi, me semblait-il. J'écrivais sous les yeux même de Père, penché au-dessus de mon épaule, plein d'angoisse. Je n'avais qu'une peur: me trahir; qu'un désir: éviter, à tout prix, la crise imminente. Je me sentais une décision, une lucidité invraisemblables. Depuis, j'ai compris qu'au fond, sans m'en rendre compte... Vous n'avez donc pas songé que je pourrais vieillir?

—Je n'ai pas cessé un instant de l'espérer.

—C'est pour cela que vous m'évitiez si soigneusement?

—Et vous, ne me fuyiez-vous pas aussi? Que de fois j'ai vu disparaître votre robe quand j'arrivais dans un endroit!

—Ah! quelle peur j'avais, et quel désir de vous rencontrer, tout à la fois!

—Vous souvenez-vous, chez la vieille aveugle que je soignais, à Morlino? Je vous y ai surprise, un matin, lui faisant la lecture. Comme je gardais la porte vous ne pouviez pas sortir sans passer près de moi. Alors vous vous êtes réfugiée dans un petit coin, auprès de la cheminée, et vous êtes restée là, immobile et toute pâle.

—Vous aviez l'air si indifférent, si froid!

—Les battements de mon coeur m'empêchaient d'entendre quand j'auscultais la pauvre femme. Vous m'avez à peine salué.

—Je vous aimais tant, ce jour-là! Mon âme s'échappait de moi et s'en allait vers vous.

—Bien-aimée!

—Ah! c'est une cruelle souffrance de fuir toujours ce qui vous attire tant!

—Mais je ne faisais pas que vous fuir...

—Comment, vous m'avez donc cherchée, vous aussi, parfois?

—Avidement, sur tous les chemins, par toutes les rues. Votre nom montait à mes lèvres, même lorsque je ne croyais pas penser à vous, hantant mes heures d'études, obsédant toutes mes pensées, se substituant sous ma plume aux mots techniques. Chaque robe claire aperçue de loin, chaque jeune silhouette entrevue me faisait battre le coeur.

—Et moi! Que de fois ai-je été en ville sans aucun motif, dans l'espoir seul de vous rencontrer! Un soir d'hiver, à la nuit tombante, j'étais mortellement inquiète de vous; il me semblait que quelque chose vous menaçait. Je venais de terminer mes emplettes; je laissai Federigo avec la voiture devant la poste et je passai devant votre porte. Il n'y avait personne dans l'étroite et sombre rue en pente. La fenêtre de votre cabinet de travail était grande ouverte, vous vous teniez debout près d'elle, regardant anxieusement dehors. Votre buste se dessinait sur le fond éclairé de la pièce: que faisiez-vous là, par ce froid? Vous aviez l'air de m'appeler, de m'attendre, et vous ne m'avez même pas reconnue! Deux jours après votre père mourait subitement.

—Je n'ai aucun souvenir de cela; j'ai tant souffert, depuis! Alors, c'est vrai, vous sentiez que j'allais être malheureux?

—Oui. Et après, comme c'était cruel de ne pouvoir partager votre chagrin, de n'avoir pas le droit de pleurer avec vous!

—Chérie! Si je l'avais su, quel bien cela m'aurait fait! Et moi, savez-vous où je passais mes soirées, l'été, alors qu'on me demandait partout en vain, si bien que le bruit a couru en ville que j'avais une intrigue? Derrière la charmille, à vous écouter faire de la musique, avec votre père. J'arrivais, comme un voleur, par le saut-de-loup du bois.

—Vous étiez là? Je jouais pour vous.

—Je le sentais... Oui, vraiment, il n'y a pas que ce que l'on voit et ce que l'on touche qui soit réel. Viens, plus près...

—Mais ce bruit...

—Ce n'est rien. Laissez-moi, au moins, votre main. N'avons-nous pas été assez longtemps séparés? Il faut réparer tout cela! Pourtant, nous devons attendre et souffrir encore: car, vous le sentez, n'est-ce pas? je ne veux pas vous prendre à votre devoir. Si vous cessiez de le faire avant toute chose, ma douce vie, vous cesseriez en même temps d'être vous-même, vous ne seriez plus celle qui m'est si chère. L'épreuve, qui a mûri et fortifié notre amour, m'a aussi enseigné la patience. J'attendrai: je vous aime assez pour cela. D'ailleurs, vous m'aimez: voilà qui va m'aider singulièrement. Dans trois ou quatre ans, les «petites soeurs» auront terminé leurs études et pourront vous remplacer auprès de votre père. Alors je vous réclamerai comme mienne: car rien au monde ne peut nous séparer définitivement, n'est-ce pas, mon amour? Vous n'avez pas promis de ne jamais vous marier?

—Non, rassurez-vous. J'ai promis de ne pas laisser Père seul, d'élever les petites.

—Nous le préparerons à cette idée doucement, sans secousse. Nous le soignerons si bien, tous les deux, nous l'aimerons tant, qu'il vivra de longues années encore. Borena n'est pas si loin de «Paradiso» après tout! Quand les fillettes seront mariées, à leur tour, nous le prendrons avec nous ou nous viendrons ici.

Un grognement dans le corridor, bien accentué, cette fois, les fit brusquement s'éloigner l'un de l'autre, et s'asseoir, très sages, de chaque côté de la cheminée. C'était Jacques qui s'annonçait ainsi.

—Eh bien?—demanda-t-il en entrant—me suis je trompé?

Nadine était déjà suspendue à son cou et l'embrassait de toute son âme.

—Que tu es bon! que je t'aime! disait-elle.—Puis, tout bas: Nous sommes quittes, maintenant.

—Jamais! Ce que j'ai fait, moi, ne m'a coûté que quelques pas, tandis que toi... Ah! brave, brave chérie! et... vilaine sournoise qui cachais si bien son jeu! Il était introuvable, cet animal de docteur! Tu n'imagines pas à quel point il est entêté. Ah! il n'est pas précisément maniable, le cher ami, je t'en préviens! Il s'obstinait dans une modestie charmante, mais qui contrariait singulièrement mes projets.

—«C'est elle qui te l'a dit?» répétait-il comme un refrain.

—«Non, je l'ai deviné.

—«Si tu te trompais...

—«Tu en serais quitte pour un second refus... et pour un excellent dîner de Noël: le bonheur de ta vie et de la sienne vaut bien cela, que diable! D'ailleurs je suis sûr de ne pas me tromper.» Mais, voilà Papa! Je l'ai averti que je t'ai rencontré et amené. Il a trouvé cela tout naturel. Même, il est enchanté de te revoir, j'en suis sûr. Il t'aime bien, tu sais, et tant que tu ne lui prends pas sa fille...

Le dîner, fort bien préparé—Perpetua s'était surpassée —impeccablement servi par Agnese et Federigo, le cocher-jardinier, fut charmant. Nadine, placée en face de son père, était si belle, que tous les regards se portaient involontairement sur elle. Ses cheveux ondés avaient, sous l'éclatante lumière, des reflets d'or. Ses yeux, tout à l'heure encore comme voilés de brume, prenaient, sous leurs cils noirs, la couleur et la transparence des vagues par un beau matin d'avril. Un sang renouvelé montait de son coeur à ses joues et les animait; sa bouche souriait, vivante, aimable et douce, vrai fleur d'âme nouvellement éclose. Elle rayonnait véritablement, et dégageait autour d'elle du bonheur, de la jeunesse, de la grâce, de la bonté. Monsieur Meydan l'observait de nouveau. Il comparait son air radieux de maintenant à l'air angoissé de tout à l'heure; il commentait le brusque départ du matin au nom de Georges, et ce retour inopiné du docteur, sa joie évidente, aussi. Mille indices, auxquels il n'avait pas pris garde tout d'abord, ou qu'il avait repoussés, comme importuns, lui revenaient à l'esprit. La lumière se faisait en lui.

—A propos, et vos pintades? lui demandait Madame Malprat.

—J'ai réussi les grises, mais pas les blanches, répondait-il courtoisement, trouvant surprenant, qu'on pût s'intéresser à de si pauvres petites choses alors que de si graves événements se passaient autour de lui.

Jacques était heureux. «Cet épanouissement, c'est mon oeuvre», pensait-il avec satisfaction. Sans moi... Je puis donc encore être bon à quelque chose! Si j'ai fait beaucoup de mal, je sais, aussi, faire un peu de bien parfois.

—Cette petite Nadine est éblouissante, ce soir, dit Monsieur Malprat à sa voisine, Madame Lelong, plate et sèche personne, mère d'une fille insignifiante et prétentieuse.

—Oui, répondit-elle d'un air pincé. Il est vrai qu'elle s'habille si bien!

Aujourd'hui, au moins, sa toilette est plutôt modeste. Je lui connais cette robe depuis très longtemps. Elle a du goût, c'est vrai, mais ce n'est pas ce qu'elle met qui la rend jolie; c'est elle qui donne un air particulier à tout ce qu'elle porte. L'avez-vous jamais surprise, le matin, quand elle est dans sa tenue de petite maîtresse de maison active, avec ses cheveux bien relevés au sommet de la tête, ses jupes courtes, ses tabliers à bavette? Elle est exquise, ainsi! Ah! si j'avais un fils!

Pour ne pas trahir son secret, Georges se privait de regarder son amie, mais il la voyait quand même. Il discutait gravement littérature avec sa voisine, Madame Porchano, femme aimable et distinguée, qui, étant fort sourde, parlait à voix très basse; pourtant, il suivait chacun des gestes de la jeune fille, il ne perdait pas un mot de ce qu'elle disait. Comment cela se faisait-il? Ceci est un des menus miracles de l'amour, qui en fait bien d'autres.

Maggie, fière d'être assise auprès de «d'Ami Calvetti», comme une grande personne, causait avec lui de Florence, sa ville natale, heureuse de faire montre de son bon italien, et regardait, non sans dédain, Luce, confiée aux soins de Jacques, ainsi qu'une petite fille. Tout homme d'esprit qu'il était, le subtil célibataire ne dédaignait pas de se mettre en frais pour elle; il s'amusait de ses airs importants, sans cesser pour cela d'observer ce qui se passait autour de lui. «Melville de retour après deux années d'absence, Nadine radieuse, Meydan préoccupé, Jacques, gai comme un pinson, Malprat intrigué, Madame Lelong inquiète: *va bene*[30], pensait-il.

Note 30: (retour) Ça va bien.

Le pudding brûla comme jamais pudding au monde n'avait brûlé.

—C'est nous qui l'avons fait—dirent les fillettes—et aussi Nadine.

—Tiens! le petit raisin de Corinthe qui ne voulait pas être mangé! Vois-le, Dine! Il brûle tout seul, là, sur le bord, s'écria Lucette, de sa voix claire.

La grande soeur se mit à rire, les yeux subitement mouillés de larmes. «Comment, il n'y a que quelques heures que je racontais cette histoire, le coeur broyé d'angoisse? Et maintenant... Qu'il faut peu de temps pour changer toute une vie,» pensait-elle. «La véritable durée des choses se mesure en nous, non ailleurs.»

On se levait de table. Arrivé dans le salon brillamment éclairé:

—Eh! bien, *carina mia*[31], dit Monsieur Meydan à sa fille aînée en l'entraînant à l'écart, je crois que nous avons bien vieilli, depuis deux ans.

Note 31: (retour) *ma chérie*

—Non, Papa, dit-elle—mettant par un geste familier sa jolie tête sur l'épaule de son père et l'enveloppant de son regard aimant—tant que tu auras besoin de moi, je serai toujours de beaucoup trop jeune!

—Mais l'âge est venu d'aimer?

—Oui.

—C'était inévitable, et j'étais un vieux fou... D'ailleurs, tu as bien placé ton coeur, mon enfant!

Georges les regardait. M. Meydan lui fit signe d'approche; et, prenant la main de sa fille, sans parler, il la mit dans celle du jeune homme.

—Mon père! dit celui-ci, vivement ému.

—Oh! pas de phrases, s'il te plaît! Tu es un fieffé voleur et tu mériterais la corde. Mais si tu me laisses ma fille encore un peu de temps, je te pardonnerai.

—Voleur, moi? Je ne vous enlève rien, et je vous donne un fils.

—Des mots, des mots, tout cela! Celui qui nous prend le coeur de notre enfant est un voleur, et le plus effronté, le plus dangereux de tous, je n'en démords pas. Un voleur excusable, un voleur pardonné, aimé même peut-être, mais un voleur.

Les «petites soeurs», intriguées de ce colloque, avançaient leurs têtes curieuses vers le groupe. Les dames s'éventaient d'un air discret.

Jacques s'en aperçut.

—Eh bien, docteur! dit-il tout haut à Georges en s'approchant, comment trouves-tu papa, ce soir?

—Mais beaucoup mieux, je suis très content. Son pouls est excellent, régulier, ferme; cela va parfaitement!

La soirée passa très vite, comme tout ce qui est vraiment bon en ce monde. Le gros voisin, Porchano, congestionné par le dîner, proposa de faire un whist et alla s'installer à la table préparée dans le petit salon contigu avec sa femme, Madame Lelong et Madame Malprat.

«L'Amivetti», comme l'appelaient les enfants autrefois, avait pris Luce sur ses genoux, et caressait tendrement ses cheveux noirs. Maggie s'était assise tout contre lui. Pour parler aux fillettes, il adoucissait sa voix sonore et mettait des diminutifs câlins aux mots de sa langue natale, si douce déjà.

—Chéries, laissez donc ce pauvre «ami» tranquille, dit la soeur aînée.

Le Toscan étendit sa longue main maigre au-devant de Luce, comme pour défendre un trésor menacé, et répondit par un simple mouvement de sa grave tête expressive. Puis, levant ses sombres sourcils, d'un regard il montra le piano à Nadine.

Il avait raison, l'Amivetti, c'était ce qu'il fallait; les coeurs étaient trop émus pour qu'on pût parler. Elle obéit. Monsieur Meydan prit son violoncelle; Georges, debout auprès du piano, tournait les pages. Monsieur Malprat s'installa dans un coin sombre, loin de l'éclat des lampes, et s'apprêta à écouter.

Bientôt, entraînées par le chant divin, l'âme du père et celle de l'enfant n'en firent plus qu'une. La jeune fille disait son amour, sa tendresse filiale, sa joie d'avoir vaincu son coeur et tenu ses promesses envers la grande amie absente, présente, toujours! Lui, Monsieur Meydan, pensait à sa femme, aussi, à l'aurore de leurs tendresses, à son bonheur si elle avait été là, à sa Nadine, précieuse entre tous ses enfants, qu'il perdait et retrouvait à la fois ce soir-là,—à tant de joies, à tant de douleurs si intimement mêlées dans son âme, comme dans toute âme qui a vécu et aimé. La voix profonde, presqu'humaine, du merveilleux instrument chantait cela, et bien d'autres choses encore; elle évoquait ces choses inexprimées, inexprimables que nous entrevoyons et que la musique évoque: ébauches de pensées, intuitions d'au-delà, qui se compléteront, s'expliqueront dans une autre vie.

Jacques, enseveli dans un fauteuil, derrière un paravent, pleurait comme un enfant, sans savoir au juste pourquoi, en une détente de ses nerfs surmenés. Maggie écoutait de toute sa petite âme ardente, les yeux brillants, les lèvres serrées. Luce s'était endormie, sur les genoux de son grand ami. «*Carissima*[32]», pensait celui-ci, «pauvre petite fille douce et frêle, tu perds ta mère une seconde fois, ce soir. Ta «Grande» sera toujours la plus tendre des soeurs, mais rien qu'une soeur, désormais. Elle aime, elle est aimée, heureuse... l'amour comblé rend égoïste, même les meilleurs: il est à soi-même tout son univers. Elle va perdre ces divinations, ce délicat toucher que seule donne la souffrance profonde».

Note 32: (retour) Superlatif de chère.

—Hum! fit M. Malprat, en se levant, lorsque la dernière note s'éteignit dans le salon silencieux. Ce Beethoven, quel génie! Ma petite Nadine, tu as joué comme un ange! Quant à toi, Meydan, j'ai toujours dit que tu as manqué ta vocation: tu es un musicien de premier ordre; c'est un crime de cacher un pareil talent... Vous m'avez fait passer une heure divine!

—Bonsoir, heureux homme! dit monsieur Calvetti, en passant, à Georges. Voilà une sonate qui comptera dans plusieurs vies.

—Nous pourrions bien apprendre quelque chose de nouveau, avant longtemps, dit madame Malprat, à madame Lelong, dans le jardin, comme elles s'en allaient précédées de Federigo qui portait une lanterne, et suivies des autres invités.

—Vous croyez? répondit la pauvre dame, qui avait jeté son dévolu sur Georges Melville pour sa fille, et qui voyait ses beaux projets matrimoniaux s'en aller à vau-l'eau—si ce mariage avait dû se faire, il y a longtemps qu'il serait fait, ce me semble!

Les fillettes, glorieuses d'être restées au salon pour la première fois jusqu'à minuit, montaient, tout ensommeillées, l'escalier de pierre, pendues chacune au bras de leur soeur.

—Dine! s'écria Lucette, comme nous avons été heureuses, aujourd'hui! C'était vraiment un fameux Noël! Jamais je ne me suis autant amusée!

Une tasse fumait sur la table, au pied du lit de la jeune maîtresse de maison. «Les excuses d'Agnese», pensa-t-elle; «pauvre brave fille, j'ai mieux que son tilleul».

En posant la lampe sur la cheminée, elle vit une enveloppe, placée sous la photographie fanée. Elle l'ouvrit, et trouva le récépissé d'une lettre chargée, puis un papier avec ceci:

«C'est parti, et, en même temps, ma démission du «Regina Club». Je ne jouerai plus, je te le jure sur son souvenir, prie pour moi.»

Nadine se jeta à genoux devant son lit; alors sur ce même coussin qui avait étouffé ses sanglots le matin, elle laissa couler de douces larmes de reconnaissance et de joie.

Décembre 1903.